김규대 폴리 경찰학

경찰학 폴리!
합시다
시즌 1

(주) K&P Traders

JN348641

Preface
머리말

안녕하세요. 경찰학을 바라보는 새로운 시선, 폴리 경찰학 김규대입니다.

"경찰학을 복습합시다, 경찰학을 정복합시다"

경찰학을 복습하고, 경찰학을 정복하여 행복한 점수를 받으실 수 있도록 하는 것이 저의 목표입니다. 그래서 제가 앞장서서 여러분을 스터디 리더처럼 이끌고자 만든 커리가 바로 "폴리합시다"입니다. 한 번 폴리합시다로 공부해보시면, 또 하실 수밖에 없는 구성으로 되어 있습니다. 왜냐하면 이론 + 기출 + 오엑스 + 키워드를 테마별로 한번에 정리할 수 있기 때문입니다. 경찰학을 매일 테마별로 공부할 수 있는 교재, 저 김규대가 자신있게 추천드립니다.

"여러분도 경찰학을 정복하실 수 있습니다."

처음 경찰학을 접하시는 분들께서는 방대한 양을 암기하는 것에 대해 가장 걱정하십니다. 그리고 경찰학이라는 과목 자체가 실생활에서 쉽게 접하는 부분이 아니고, 처음 배워 보시다 보니 더 낯선 감정을 가지시는 것 같습니다. 저는 해당 내용이 눈앞에 잘 그려질 수 있어야 좋은 설명이라고 생각합니다. 그래서 항상 이 부분을 어떻게 설명해드리면 더 쉽게 이해하실까 끊임없이 고민하여 도식화로 경찰학을 표현하고, 경찰학 개념을 설명할 때 실생활에서 쉽게 접하실 수 있는 부분과 연계해서 설명을 해드리려고 노력하고 있습니다. 이렇게 추상적인 이론이 현실적으로 피부에 와닿으시도록 시각화, 도식화 하는 과정을 저의 폴리 경찰학 커리큘럼에 담았고, 커리큘럼을 따라 폴리 경찰학만의 복습프로그램까지 진행하시다 보면 어느새 자연스럽게 경찰학을 정복하실 거라 확신합니다.

"공부의 가속도가 붙는 것이 중요합니다."

수험생들은 공부하다 보면 자신에게 끊임없이 "과연 내가 합격할 수 있을 것인가?"라는 의문을 갖게 됩니다. 이렇게 합격할 수 있을지에 대한 고민을 하다 보면 그 생각에 빠지게 되고, 더 불안하고 초조해지게 됩니다. 하지만 이런 생각을 하기보다는 "나는 반드시 합격한다. 다만 그 시간을 단축시킬 수 있는 방법은 무엇일까?"라는 앞을 향한 질문을 던지셔야 합니다. 처음 기출문제집을 공부하시다 보면 이런 문제들을 내가 과연 시험장에서 1분 안에 풀어낼 수 있을까라는 생각이 들 것입니다. 결론부터 말하자면 분명히 하실 수 있고, 실전에서 더 빨리 풀 수 있습니다. 공부의 가속도가 붙기 시작하면 나중에 그 속도는 어마어마하게 빨라집니다. 이제 본격적으로 출발선에 섰습니다. 달리십시오! 결승선에서 기쁨의 눈물을 흘릴 수 있는 멋진 주인공이 될 것입니다. 저도 여러분이 최대한 빠르게 결승선에 도달할 수 있도록 노력할 것이며, 이 책이 그 시간을 조금이나마 단축시켜 주기를 간절히 바라봅니다.

"감사하고, 또 감사드립니다."

이 교재가 출간되기까지 항상 연구실의 기둥이 되어 최선을 다해 노력해 주신 연구실 가족 여러분들께 진심으로 감사의 말씀 전합니다. 좋은 교재와 강의를 만들고 싶어하는 저의 바람을 항상 이해해주시고 늘 같은 마음으로 지지해주셔서 감사합니다. 그리고 항상 부족한 저에게 힘이 되어주는 저의 가족들에게도 진심으로 감사하다는 말씀 전합니다. 마지막으로, 절 믿어주시고, 선택해주신 많은 분들께 합격이라는 행복만 드릴 수 있도록 최선을 다하는 김규대가 되겠습니다. 감사합니다.

2025년 2월 겨울의 끝에서

김규대 드림

Contents
차례

1단원_ 경찰학 기초이론
1. 경찰개념의 변천과정 ································ 4
2. 경찰의 분류 ··· 5
3. 경찰의 임무 ··· 6
4. 경찰권의 관할 ·· 7
5. 범죄원인론 ·· 8
6. 환경설계(CPTED) ····································· 9
7. 현대적 범죄예방이론 ······························· 10
8. 지역사회 경찰활동 ·································· 11

2단원_ 경찰행정학
1. 정책결정모델 ··· 12
2. 근대관료제와 조직 편성의 원리 ················ 13
3. 동기부여이론 ··· 14
4. 계급제와 직위분류제 ······························· 15
5. 우리나라 경찰통제 유형 ··························· 16
6. 정보공개 ··· 17
7. 경찰감찰규칙 ··· 18
8. 경찰청 감사 규칙 ···································· 19

3단원_ 경찰행정법
1. 경찰법의 법원 ·· 20
2. 행정규칙 ··· 21
3. 국가경찰위원회와 시·도자치경찰위원회 ······ 22
4. 권한의 위임과 대리 ································· 23
5. 임용권의 위임 ·· 24
6. 경찰공무원의 의무 ·································· 25
7. 경찰공무원의 징계책임 ···························· 26
8. 소청심사위원회 ······································ 27
9. 경찰비례의 원칙 ····································· 28
10. 신뢰보호의 원칙 ···································· 29
11. 부관 ·· 30
12. 처분 ·· 31
13. 경찰권 발동의 조리상 한계 ······················ 32
14. 경찰상 행정행위 ···································· 33
15. 의무이행 확보수단 ·································· 34
16. 즉시강제 ··· 35
17. 불심검문 ··· 36
18. 보호조치 ··· 37
19. 위해성 경찰장비 사용기준 ······················· 38
20. 손실보상 ··· 39
21. 행정지도 ··· 40
22. 행정심판의 재결 ····································· 41
23. 행정심판과 행정소송 ······························· 42
24. 국가배상법 ·· 43

4단원_ 한국경찰사와 비교경찰
1. 갑오개혁 및 광무개혁 당시 경찰제도 ········· 44
2. 우리나라 경찰의 역사 ······························ 45
3. 자랑스러운 경찰의 표상 ··························· 46
4. 영국의 경찰제도 ····································· 47

5단원_ 각 론
1. 지역경찰관리 ··· 48
2. 경범죄 처벌법 ·· 49
3. 실종아동보호 ··· 50
4. 가정폭력범죄의 처벌 등에 관한 특례법 ······ 51
5. 통신수사 ··· 52
6. 피의자 유치 및 호송 ······························· 53
7. 과학수사 ··· 54
8. 마약류 사범 수사 ···································· 55
9. 경비경찰의 특징 ····································· 56
10. 재난경비 ··· 57
11. 통합방위법 ·· 58
12. 경찰비상업무 규칙 ·································· 59
13. 운전면허의 종류 ····································· 60
14. 교통사고처리 특례법 제3조 제2항
    (처벌의 특례) ·· 61
15. 정보분류 ··· 62
16. 집회 및 시위에 관한 법률 ························ 63
17. 간첩망 ·· 64
18. 보안관찰 ··· 65
19. 출입국관리법 시행령상 체류자격 ··············· 66
20. 국제형사사법 및 범죄인 인도법 ················ 67

THEME 1. 경찰개념의 변천과정

03. 대륙법계(프랑스, 독일) 경찰개념의 역사적 변천

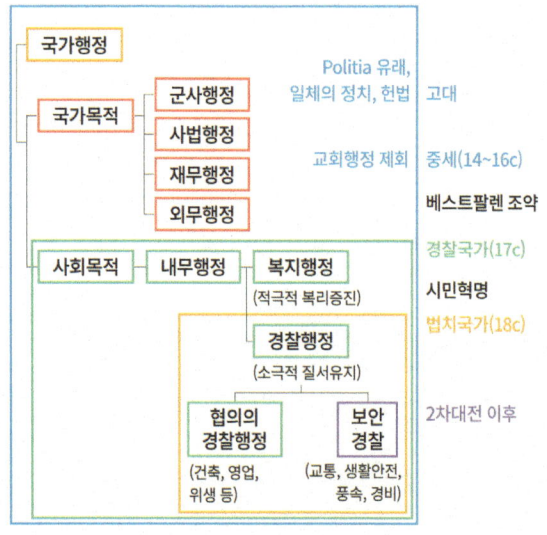

04. 법치국가 시대의 주요 법령과 판례

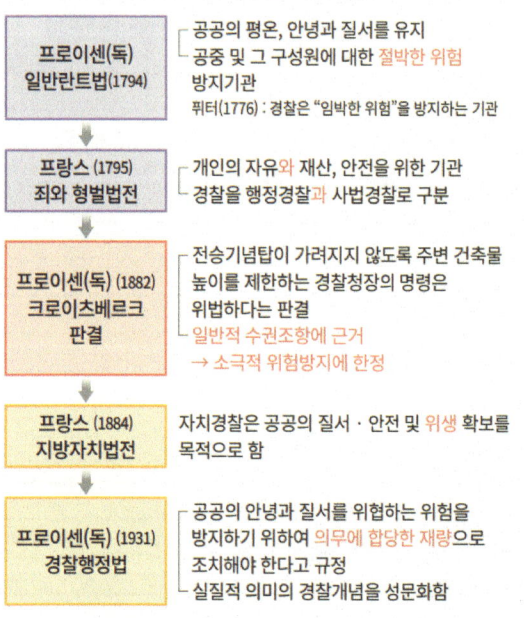

꼭! 알아야 하는 핵심 문장, OX

01   23 경간

16세기 독일의 제국경찰법(1530년)에서 교회행정을 포함한 모든 국가활동을 경찰이라 했다.

O/X

02   20 경채

크로이츠베르크 판결을 계기로 경찰의 권한이 공공의 안녕, 질서유지 및 이에 대한 위험방지 분야에 한정된다는 취지의 규정을 둔 「프로이센 일반란트법」이 제정되었다.

O/X

꼭! 알아야 하는 핵심 문장, 키워드

01   23 경간

프랑스 _____에서 처음으로 행정경찰과 사법경찰을 구분했다.

02   20 경간

1882년 프로이센 고등행정법원은 _____판결을 통해 경찰관청이 일반수권 규정에 근거하여 법규법령을 발할 수 있는 분야는 위험방지 분야에 한정된다고 판시하였다.

꼭! 알아야 하는 기출 문제, Review

01   23 경간

경찰개념의 변천과정에 대한 설명 중 적절하지 않은 것은 모두 몇 개인가?

> 가. 16세기 독일의 제국경찰법(1530년)에서 교회행정을 제외한 모든 국가활동을 경찰이라 했다.
> 나. 17세기 경찰국가시대의 경찰개념은 외교·국방·재정·사법을 제외한 내무행정 전반을 의미했다.
> 다. 18세기 계몽철학의 영향으로 경찰의 개념이 소극적 위험방지 분야로 한정되었다.
> 라. 프랑스 지방자치법전(1884년)에서 처음으로 행정경찰과 사법경찰을 구분했다.
> 마. 프로이센 경찰행정법 (1931년)은 경찰의 직무를 적극적 복리증진으로 규정했다.

① 1개   ② 2개   ③ 3개   ④ 4개

THEME 2 경찰의 분류

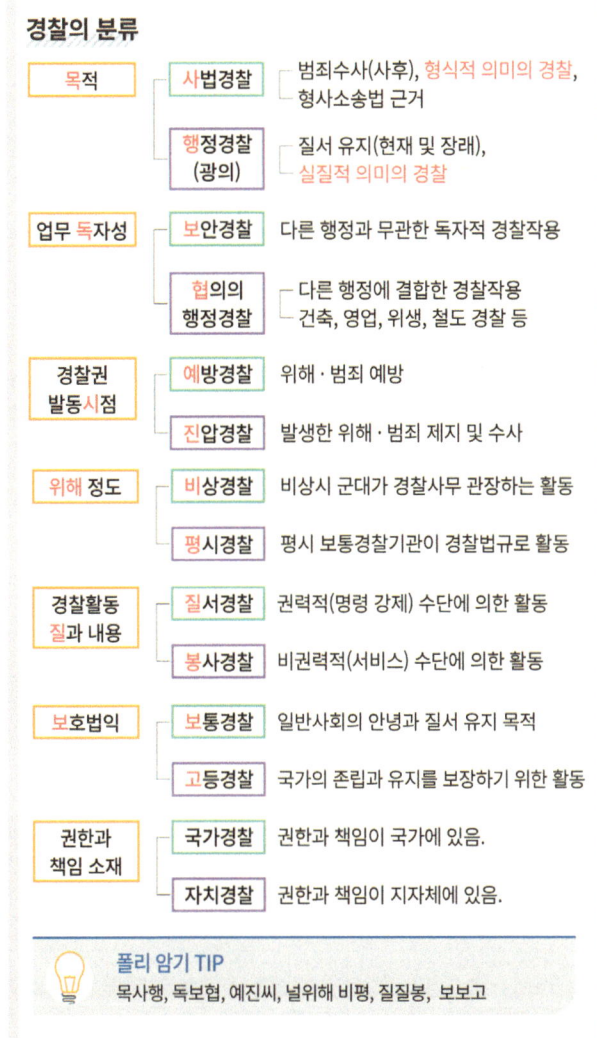

꼭! 알아야 하는 핵심 문장, 키워드

01 21 경간, 23 채용1차

보안경찰과 협의의 행정경찰은 업무의 _____에 따른 구분 또는 경찰작용이 다른 행정작용에 부수(수반) 여부를 기준으로 한다.

02 21 경채

업무 독자성의 구분에 따르면 _____경찰에는 생활안전경찰, 풍속경찰, 교통경찰, 경비경찰 등이 이에 해당한다.

꼭! 알아야 하는 핵심 문장, OX

01 21 경간, 23 채용1차

평시경찰과 비상경찰은 업무의 독자성에 따른 구분이다.
O/X

02 23 경간 변형

행정경찰은 주로 과거의 상황에 대하여 작용하며, 사법경찰은 주로 현재 또는 장래의 상황에 대하여 작용한다.
O/X

꼭! 알아야 하는 기출 문제, Review

01 21 경간, 23 채용1차

경찰의 분류와 구분기준에 대한 설명 중 옳지 않은 것은 모두 몇 개인가?

> 가. 보안경찰과 협의의 행정경찰은 업무의 독자성에 따른 구분 또는 경찰작용이 다른 행정작용에 부수(수반) 여부를 기준으로 한다.
> 나. 예방경찰과 진압경찰은 경찰권 발동 시점에 따라 분류된다.
> 다. 광의의 행정경찰과 사법경찰은 경찰의 목적·임무를 기준으로 한 구분이며 이러한 경찰개념의 구분은 삼권분립 사상에 투철했던 프랑스에서 확립된 개념이다.
> 라. 국가경찰과 자치경찰은 경찰유지의 권한과 책임의 소재(경찰의 조직·인사·비용부담)에 따른 분류이다.
> 마. 평시경찰과 비상경찰은 위해의 정도 및 담당기관에 따른 구분이다.
> 바. 질서경찰과 봉사경찰은 경찰서비스의 질과 내용에 따른 구분이다.

① 0개 ② 1개 ③ 2개 ④ 3개

1단원 : 경찰학 기초이론 **5**

THEME 3 경찰의 임무

11-1. 공공의 안녕

법질서의 불가침성
- 공법위반: 공공안녕에 대한 위험 → 개입 ○
- 사법위반: 보충성의 원칙 적용
  (원칙: 개입×, 예외: 개입○)
  경찰권 발동을 요구하는 경찰개입청구권(재량권 ○ 수축) 인정

국가 존립과 기능성 불가침성
- 존립 불가침: 국가 존립보호 위해 가벌성이 없어도 수사, 정보, 외사, 안보 활동 가능
- 기능성 불가침: 국회, 정부, 법원 등 국가기관 기능성 보호
  국가에 대한 비판
  : 폭력 × → 경찰개입 ×

개인 권리와 법익의 보호
경찰은 잠정적 보호에 한정 (최종적 보호: 법원)
공공의 안녕은 국가 등 집단 + 개인과 관련되는 것을 포함한 이중적 개념

11-2. 공공질서

- 개인 행동에 대한 불문규범의 총체
  (공공질서: 불문법, 공공안녕: 성문법)
- 시대에 따라 변하는 상대적·유동적 개념
- 경찰개입시 헌법의 기본권 보장을 위한 엄격한 합헌성 요구
- 오늘날 규범화 추세로 축소 경향

11-3. 위험 방지

위험
가까운 장래 공공의 안녕이나 질서에 손해 가능성 존재
위험이 현실화된 때 → 경찰위반의 상태

손해
보호법익의 객관적 감소로 현저한 침해
단순한 성가심이나 불편함 → 경찰개입 대상 ×

꼭! 알아야 하는 핵심 문장, OX

01 20 채용2차
경찰이 의무에 합당한 사려 깊은 상황판단을 했음에도 불구하고 위험을 잘못 긍정한 경우를 '오상위험'이라고 한다. O/X

02 23 채용1차
공공질서 개념의 적용 가능분야는 점차 확대되고 있다. O/X

꼭! 알아야 하는 핵심 문장, 키워드

01 20 채용2차
'공공의 안녕'이란 개념은 '법질서의 불가침성'과 '국가의 존립 및 국가기관 기능성의 불가침성', '개인의 권리와 법익의 보호'를 포함하며, 이 중 공공의 안녕의 제1요소는 '_____'이다.

02 21 채용2차
_____란 원만한 공동체 생활을 위한 필수적인 전제조건으로서 공공사회에서 개개인의 행동에 대한 불문규범의 총체를 의미한다. 공공질서는 시대에 따라 변화하는 상대적·유동적 개념이다.

꼭! 알아야 하는 기출 문제, Review

01 20 채용2차
경찰의 임무를 공공의 안녕과 질서에 대한 위험의 방지라고 정의할 때, 이에 대한 설명으로 가장 적절한 것은?

① '공공의 안녕'이란 개념은 '법질서의 불가침성'과 '국가의 존립 및 국가기관 기능성의 불가침성', '개인의 권리와 법익의 보호'를 포함하며, 이 중 공공의 안녕의 제1요소는 '개인의 권리와 법익의 보호'이다.
② '공공의 질서'란 원만한 공동체 생활을 위해 개인이 준수해야 할 불문 규범의 총체를 의미하며, 법적 안전성 확보를 위해 불문 규범이 성문화되어가는 현상으로 인하여 그 영역이 점차 축소되고 있다.
③ 경찰이 의무에 합당한 사려 깊은 상황판단을 했음에도 불구하고 위험을 잘못 긍정한 경우를 '오상위험'이라고 한다.
④ 위험의 현실화 여부에 따라 '추상적 위험'과 '구체적 위험'으로 구분 할 수 있으며 경찰의 개입은 구체적 위험의 경우에만 정당화된다.

THEME 4. 경찰권의 관할

13. 경찰권의 관할

- **사물관할**: 경찰 사무 내용의 범위
- **인적관할**: 수사권을 포함하는 광의의 경찰권이 발동될 수 있는 인적 범위
- **지역관할**: 광의의 경찰권이 발동될 수 있는 지역적 범위

13-1. 사물관할과 인적관할

사물관할	① 경찰 사무 내용의 범위로서 경찰권 발동범위를 설정 ② 원칙 : 조직법(경찰법)적 사항 　　BUT 우리나라는 작용법인 경직법에도 규정(일본 조직법에만 규정) ③ 수사는 영미법계 영향으로 법률에 규정 ④ 경찰 서비스 영역도 공공의 안녕과 질서 유지에 포함
인적관할	① 수사권을 포함하는 광의의 경찰권이 발동될 수 있는 인적범위 ② 대통령, 국회의원, 외교관, 미군에 일정한 제한

13-2. 지역관할(국회: 국회법)

국회의장 → 국회운영위원회 동의 → 정부에 대하여 → 경위 : 회의장 안 / 경찰 : 회의장 밖

① 국회의장은 국회 경호를 위하여 국회운영위원회의 동의를 얻어 일정 기간을 정하여 정부에 경찰공무원의 파견을 요구 ○
② 증원 : 필요한 경우 파견된 경찰관이 국회사무처와 협의
③ 국회 안 현행범인 : 체포 후 의장의 지시 받음
④ 의원이 현행범인 경우 : 회의장 안에 있는 경우 의장 명령없이 체포 ✕

재판장 → 개정 전·후 불문 → 관할경찰서장에게 → 경찰 : 법정 내·외

① 재판장은 개정 전후에 상관없이 관할 경찰서장에게 경찰공무원의 파견 요구 ○
② 파견된 경찰공무원은 법정내외의 질서 유지에 관하여 재판장의 지휘를 받음

꼭! 알아야 하는 핵심 문장, OX

01　　　　　　　　　　　　　　　　20 채용2차

경찰은 중대한 죄를 범하고 도주하는 현행범인을 추적하는 때에는 주한미군 시설 및 구역 내에서 범인을 체포할 수 없다.
O/X

02　　　　　　　　　　　　　　　　22 채용1차

「국회법」상 경위(警衛)나 경찰공무원은 국회 안에 현행범인이 있을 때에는 체포하기 전에 국회의장의 지시를 받아야 한다.
O/X

꼭! 알아야 하는 핵심 문장, 키워드

01　　　　　　　　　　　　　　　　20 채용2차

＿＿＿＿＿은 경찰이 처리할 수 있고 또 처리해야 하는 사무내용의 범위를 말한다.

02　　　　　　　　　　　　　　　　23 채용1차

＿＿＿＿＿이란 광의의 경찰권이 어떤 사람에게 적용되는가의 문제이다.

꼭! 알아야 하는 기출 문제, Review

01　　　　　　　　　　　　　　　　20 채용2차

경찰의 관할에 대한 설명으로 가장 적절하지 않은 것은?
① 사물관할은 경찰이 처리할 수 있고 또 처리해야 하는 사무 내용의 범위를 말하며 우리나라는 범죄수사에 대한 임무가 경찰의 사물 관할로 인정되고 있다.
② 경찰은 중대한 죄를 범하고 도주하는 현행범인을 추적하는 때에는 주한미군 시설 및 구역 내에서 범인을 체포할 수 있다.
③ 외교공관은 국제법상 치외법권 지역이나 화재, 감염병 발생과 같은 긴급한 상황에서는 외교사절의 동의 없이도 외교공관에 들어갈 수 있다.
④ 국회 경위와 경찰공무원은 국회 안에 현행범인이 있을 때에는 국회의장의 지시를 받은 후 체포하여야 한다.

THEME 5 범죄원인론

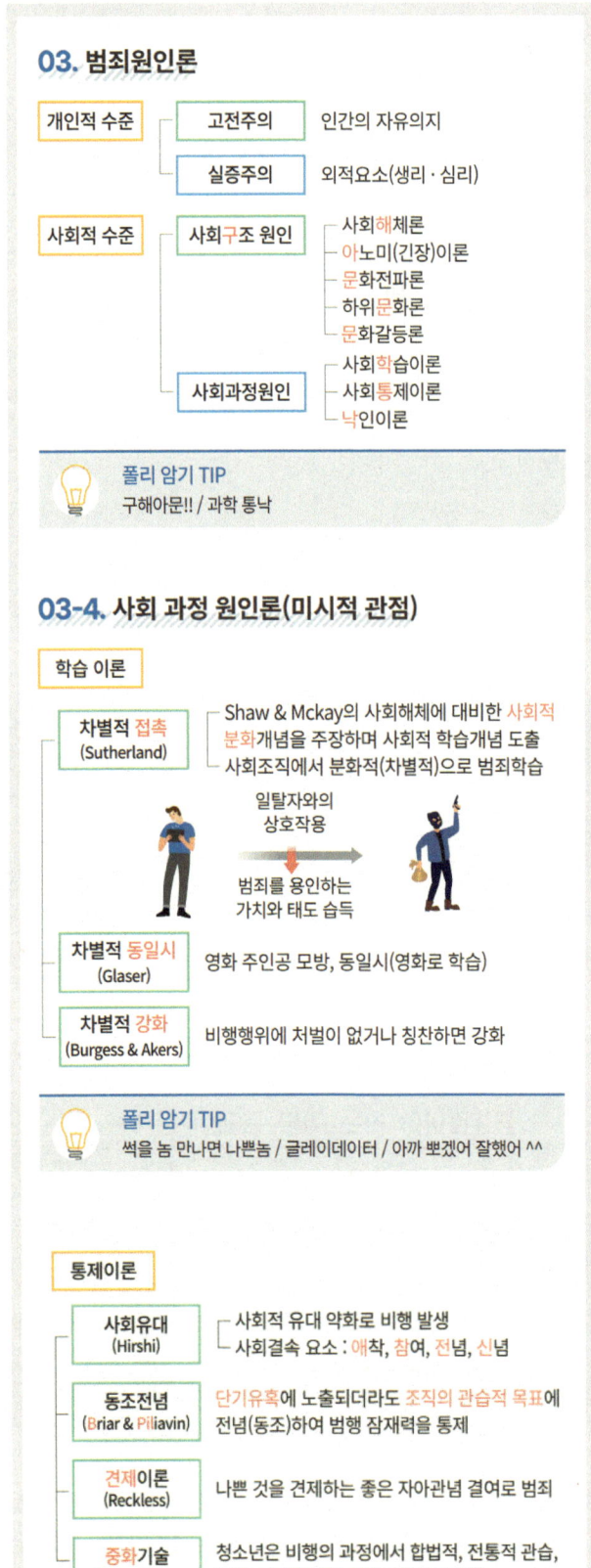

꼭! 알아야 하는 핵심 문장, OX

01   19 경간

Durkheim는 좋은 자아관념은 주변의 범죄적 환경에도 불구하고 비행행위에 가담하지 않도록 하는 중요한 요소라고 한다.

O/X

02   21 채용2차

버제스와 에이커스(Burgess & Akers)의 차별적 접촉이론에서 범죄행위의 결과로서 보상이 취득되고 처벌이 회피될 때 그 행위는 강화되는 반면, 보상이 상실되고 처벌이 강화되면 그 행위는 약화된다고 본다.

O/X

꼭! 알아야 하는 핵심 문장, 키워드

01   19 경간

_____는 범죄는 하위문화의 가치와 규범이 정상적으로 반영된 것이라고 하였다.

02   19 승진

_____는 청소년들이 영화의 주인공을 모방하고 자신과 동일시하면서 범죄를 학습한다고 주장하였다.

꼭! 알아야 하는 기출 문제, Review

01   19 경간

범죄원인론에 대한 설명 중 가장 옳지 않은 것은?

① Glaser는 청소년의 비행행위는 처벌이 없거나 칭찬받게 되면 반복적으로 저질러진다고 하였다.
② Miller는 범죄는 하위문화의 가치와 규범이 정상적으로 반영된 것이라고 하였다.
③ Reckless는 좋은 자아관념은 주변의 범죄적 환경에도 불구하고 비행행위에 가담하지 않도록 하는 중요한 요소라고 한다.
④ Cohen은 하류계층의 청소년들이 목표와 수단의 괴리로 인해 중류계층에 대한 저항으로 비행을 저지르며, 목표달성의 어려움을 극복하기 위해 자신들만의 하위문화를 만들게 되며 범죄는 이러한 하위문화에 의해 저질러진다고 한다.

THEME 6 환경설계(CPTED)

05-1. 환경설계(CPTED) : Jeffery

- 환경 설계로 범죄기회 차단
- 서울 마포구 범죄예방을 위한 도시환경디자인 조례

자연적 감시
- 가시권 확대로 외부침입이나 범죄발견 가능성 증대
- 사례 : 조명, 조경, 가시권 확대를 위한 건물의 배치

유지 관리
- 처음 설계된 대로 기능을 지속 유지
- 사례 : 파손 즉시 보수, 청결유지, 조명·조경 관리

활동성 강화
- 공공시설 설치하여 거리의 눈 활용한 자연적 감시·접근통제
- 사례 : 놀이터·공원설치, 체육시설 이용 증대, 벤치·정자위치 및 활용성에 대한 설계

자연적 접근통제
- 외부인 출입을 통제하도록 설계, 접근에 대한 심리적 부담↑
- 사례 : 차단기, 방범창, 잠금장치, 통행로 설계, 출입구 최소화

영역성 강화
- 사적 공간에 대한 경계표시
- 사례 : 사적·공적 공간 구분, 울타리·펜스 설치 (접근통제 ✕)

💡 **폴리 암기 TIP**
자유 활동은 접영

- 울타리 : 영역성 강화
- 공공장소 : 활동성 강화
- 가시권 확보 : 자연적 감시
- 청결유지, 조경관리 : 유지관리
- 출입구 하나 : 자연적 접근통제

꼭! 알아야 하는 핵심 문장, OX

01 20 경간
환경설계를 통한 범죄예방(CPTED) 원리 중 사적·공적 공간의 구분, 울타리의 설치는 자연적 감시에 해당한다. O/X

02 22 경간
환경설계를 통한 범죄예방(CPTED) 기본원리 중 자연적 접근통제란 건축물이나 시설을 설계함에 있어서 가시권을 최대한 확보하고, 외부침입에 대한 감시 기능을 확대하여 범죄기회를 감소시키는 원리이다. O/X

꼭! 알아야 하는 핵심 문장, 키워드

01 20 경간
환경설계를 통한 범죄예방(CPTED) 원리 중 조경·가시권의 확대를 위한 건물 배치는 _____에 해당한다.

02 21 경간
환경설계를 통한 범죄예방(CPTED)의 기본원리 중 _____는 처음 설계된 대로 혹은 개선한 의도대로 기능을 지속적으로 유지하도록 관리함으로써 범죄예방을 위한 환경 설계의 장기적이고 지속적 효과를 유지하는 원리이다. 종류로는 파손의 즉시 수리, 잠금장치, 조명·조경의 관리 등이 있다.

꼭! 알아야 하는 기출 문제, Review

01 20 경간
환경설계를 통한 범죄예방(CPTED) 원리와 그에 대한 적용을 연결한 것 중에 옳지 않은 것은?

① 자연적 감시 - 조경·가시권의 확대를 위한 건물 배치
② 자연적 접근통제 - 출입구의 최소화, 벤치·정자의 위치 및 활용성에 대한 설계
③ 영역성의 강화 - 사적·공적 공간의 구분, 울타리의 설치
④ 활동의 활성화 - 놀이터·공원의 설치, 체육시설의 접근성과 이용의 증대

THEME 7 현대적 범죄예방이론

06. 현대적 범죄예방 이론(상황적 범죄예방이론)

- **의의**: 범죄기회(상황)를 제거하고 범죄행위의 이익을 감소시킴으로써 범죄를 예방하려는 이론
- **합리적 선택이론**
  - 클락과 코니쉬 주장
  - 의사비결정론으로 비용과 이익 계산하여 합리적 선택
  - 체포 위험성, 처벌 확실성, 일반예방 중점 (신고전주의)
- **일상활동 이론**
  - 코헨과 펠슨 주장
  - 범죄기회 있으면 누구나 범죄 가능성 있음
  - 범죄발생 3요소 : 대상, 감시부재, 잠재적 범죄자
  - 범죄자고려 4가지 : 접근성, 가시성, 이동용이성, 가치 (viva 모델)
- **범죄패턴 이론**
  - 브랜팅햄 주장
  - 범죄의 장소(시간×)적 패턴연구, 지리적 프로파일링

> **폴리 암기 TIP**
> 클락은 합리적 / 일상적으로 코펠에 대감자, 접시가용 / 브랜드햄은 패턴이 있다.

07. 현대적 범죄예방 이론(깨진 유리창 이론 1982)

- 켈링, 윌슨
- 경미한 무질서에 무관용 정책과 집합효율성 강화가 범죄예방에 중요
- 1990년대 뉴욕에서 효과 입증, 지역주민들의 상호협력
- **무관용 원칙** : 직접적 피해가 없는 경미한 무질서에 강경한 대응
- 비판 : 낙인효과를 유발

08. 현대적 범죄예방 이론(집합 효율성 이론)

- 로버트 샘슨이 주장
- 범죄 문제 해결에 지역 주민들의 적극참여 강조
- 주민 간 상호신뢰, 유대강화, 공동노력 강조
- 공식적 사회통제, 경찰 등 법집행기관의 중요성을 간과하고 있다는 비판

꼭! 알아야 하는 핵심 문장, 키워드

01 18 경채

현대적 범죄예방이론 중 _____이론은 공식적 사회통제, 즉 경찰 등 법집행기관의 중요성을 간과하고 있다는 비판을 받는다.

02 19 승진

'합리적 선택이론'은 인간이 자유의지를 가지고 있다고 가정하고 합리적인 인간관을 전제로 하므로 _____적 인간관에 바탕을 두고 있다.

꼭! 알아야 하는 핵심 문장, OX

01 18 경채

현대적 범죄예방이론 중 직접적인 피해자가 없는 사소한 무질서행위에 대한 경찰의 강경한 대응(Zero Tolerance)을 강조하는 것은 합리적 선택 이론에 해당한다. O/X

02 20 경채

일상활동이론은 잠재적 범죄자, 적절한 범행대상, 감시(보호)의 부재라는 요소들이 충족될 때 누구라도 범죄를 저지를 수 있다고 가정한다. O/X

꼭! 알아야 하는 기출 문제, Review

01 18 경채

현대적 범죄예방이론에 대한 설명 중 가장 적절하지 않은 것은?

① 범죄패턴 이론 - 범죄에는 일정한 장소적 패턴이 있으므로 일정 장소의 집중 순찰을 통해 범죄를 예방할 수 있다.
② 합리적 선택이론 - 인간의 자유의지를 인정하지 않는 결정론적인 인간관에 입각하여 범죄자는 자신에게 유리한 경우에 범죄를 행한다고 본다.
③ 집합효율성 이론 - 집합효율성 이론은 공식적 사회통제, 즉 경찰 등 법집행기관의 중요성을 간과하고 있다는 비판을 받는다.
④ 깨진 유리창 이론 - 직접적인 피해자가 없는 사소한 무질서 행위에 대한 경찰의 강경한 대응(Zero Tolerance)을 강조한다.

THEME 8 지역사회 경찰활동

05. 지역사회 경찰활동의 프로그램

전략 지향적 경찰활동(SOP) : 골드슈타인
- 전통적인 관행과 절차를 이용하여 확인된 문제 지역에 **경찰자원 재분배**
- 치안수요가 많은 시간대나 장소에 경찰력을 더 배치
- 범죄 요소나 사회 무질서의 원인 제거, 지역사회 스스로 교정할 기회 제공
- 경찰의 **전문적 범죄 진압능력 향상을 포함** (특별수사대(TF)와 전문 수사반)
- 지역사회 참여의 중요성을 인식하고 각종 자문을 함

이웃 지향적 경찰활동(NOP) : 윌리엄스
- 경찰과 이웃과의 의사소통 통로를 개방
- 비공식적 통제능력을 향상시키고 경찰과의 친밀한 협조관계를 수립
- 거주자들에게 지역에 관한 정보를 제공하며, **주민들은 민간 순찰을 실시**
- 예) 경찰-청소년 체육대회, 작은 경찰서, 이웃감시프로그램, 시민경찰학교 등

문제 지향적 경찰활동(POP) : 골드스타인, 에크와 스펠만
- 골드스타인 제안, 에크와 스펠만(1987)에 의한 'SARA' 모델로 구체화
- 단순한 법집행자의 역할 → 지역사회 범죄문제의 **근원적 원인을 해결**하는 역할로 전환할 것을 추구

SARA 모델

조사(Scanning)	지역사회에서 반복적으로 발생하는 문제를 파악
분석(Analysis)	문제의 원인을 파악하기 위한 자료 수집·분석, 가장 중요한 단계
대응(Response)	지역사회의 다른 기관들과 협력을 통한 대응방안 도출
평가(Assessment)	대응결과 평가하여 지속적인 순환과정 될 수 있도록 함

 폴리 암기 TIP
황금똥 S 싸라 조석응가

꼭! 알아야 하는 핵심 문장, OX

01 _{21 경간, 22 승진}

지역중심 경찰활동과 문제지향적 경찰활동은 병행되어 실시될 때 효과성이 저하된다.

O/X

02 _{20 채용1차}

전통적 경찰활동의 프로그램으로 이웃지향적 경찰활동, 전략지향적 경찰활동, 문제지향적 경찰활동 등이 있다.

O/X

꼭! 알아야 하는 핵심 문장, 키워드

01 _{21 경간, 22 승진}

_____ 경찰활동은 지역사회 문제해결을 위해 SARA 모형이 강조되는데 이 모형은 조사-분석-대응-평가로 진행된다.

02 _{22 경채}

지역사회 경찰활동(Community Policing)의 프로그램 중 _____ 경찰활동은 경찰과 주민 사이의 의사소통 라인을 개설하는 모든 프로그램을 말하고 거주자들에게 지역에 관한 정보를 제공하며, 주민들은 민간순찰을 실시한다.

꼭! 알아야 하는 기출 문제, Review

01 _{21 경간, 22 승진}

경찰활동 전략별 주요 내용에 대한 설명으로 가장 적절하지 않은 것은?

① 지역중심 경찰활동(community-oriented policing)은 경찰이 지역 사회 구성원과 함께 지역이 당면한 문제를 확인하고 우선순위를 정하여 해결하고자 노력하는 것을 의미한다.
② 지역중심 경찰활동과 문제지향적 경찰활동은 병행되어 실시될 때 효과성이 제고된다.
③ 무관용 경찰활동은 지역사회 문제해결을 위해 SARA 모형이 강조되는데 이 모형은 조사-분석-대응-평가로 진행된다.
④ 문제지향적 경찰활동은 지역문제들에 대한 효과적인 대응 전략들을 고려하면서 필요시에는 경찰과 지역사회의 협력 전략에 보다 높은 가치를 부여한다.

1단원 : 경찰학 기초이론 11

정책결정모델

02. 정책 결정의 이론 모형(개인적 차원)

합리모형
- 경제적 합리성
- 정책결정자는 완전한 정보를 가진 전지전능함을 전제
- 모든 대안의 비용과 편익을 비교하여 목표달성을 극대화하는 '최선책'을 선택

만족모형
- 사이먼(Simon)과 마치(March)에 의해 주장
- 모든 대안을 탐색하지 않고 몇 개의 대안들만 탐색, 만족할만한 대안이 나타나면 정책결정을 종료하는 제한된 합리성을 추구
- 최선의 합리성보다는 시간적·공간적·재정적 측면에서 여러 요인을 고려하여 만족할 만한 수준에서 결정

점증모형
- 린다블룸, 윌다브스키 등에 의해 제시
- 정책결정을 타협과 조정의 산물, '정치적 합리성' 추구
- 기존 정책을 토대로 그보다 약간 수정된 내용의 정책

혼합모형
- 에치오니(Etzioni)
- 합리모형(근본) + 점증모형(세부)

최적모형
- 드로어(Y. dror)
- 경제적 합리성 + 직관·판단력·창의력 같은 초합리성
- 합리모형의 비현실성과 점증모형의 보수성을 극복하기 위하여 이상주의와 현실주의의 통합을 시도
- 기존 정책을 바탕으로 하는 점증주의를 비판하면서, 새로운 결정 내릴때마다 정책방향도 다시 검토 주장

03. 정책 결정의 이론 모형(집단 차원)

사이버네틱스 모형: 시행착오, 적응적 의사결정 모형, 도구적 학습, 불확실성 통제

쓰레기통모형: 조직화된 무정부상태, 혼란의 긍정적 측면 인정

회사모형: 갈등의 불완전한 준해결, sop강조, 불확실성 회피, 문제 중심탐색

Allison 모형: 쿠바 미사일 위기, 3가지 모형, 모두 사용 가능

꼭! 알아야 하는 핵심 문장, OX

01   23 경간
점증 모델에 의하면 정책결정자는 고도의 합리성을 기반으로 최선의 대안을 결정한다.
O/X

02   21 경간
최적 모델은 정책결정을 근본적 결정과 세부적 결정으로 나누고, 합리적 결정과 점증적 결정을 적절하게 혼합하여 의사결정을 한다.
O/X

꼭! 알아야 하는 핵심 문장, 키워드

01   23 경간
_____은 합리모델의 비현실성과 점증모델의 보수성을 극복하기 위한 모델로 기존의 정책을 바탕으로 이루어지는 점증주의 성향을 비판하면서, 새로운 정책을 내릴 때마다 정책방향도 다시 검토할 것을 주장한다.

02   22 경간
정책결정이 일정한 규칙에 따라 이루어지는 것이 아니라 문제, 해결책, 선택기회, 참여자의 네 요소가 뒤죽박죽으로 움직이다가 어떤 계기로 만나게 될 때 이루어진다고 보는 정책결정모델은 _____모델이다.

꼭! 알아야 하는 기출 문제, Review

01   23 경간
정책결정 모델과 그에 대한 설명으로 가장 적절한 것은?
① 엘리트 모델에 의하면 정책결정자는 고도의 합리성을 기반으로 최선의 대안을 결정한다.
② 사이버네틱스 모델은 설정된 목표를 달성하기 위해 정보분석과 환류과정을 통해 자신의 행동을 스스로 조정해 나간다고 가정한다.
③ 혼합탐사 모델은 합리모델의 비현실성과 점증모델의 보수성을 극복하기 위한 모델로 기존의 정책을 바탕으로 이루어지는 점증주의 성향을 비판하면서, 새로운 정책을 내릴 때마다 정책방향도 다시 검토할 것을 주장한다.
④ 관료정치 모델에 의하면 정책결정시 정치적 합리성을 기반으로 기존 정책의 문제점을 부분적으로 수정하거나 약간의 향상을 가져오는 결정을 한다.

근대관료제와 조직 편성의 원리

04. 근대 관료제의 개념
- 관료(bureaucrat)에 의하여 통치(cracy)된다는 의미
- 수직적인 계층과 수평적인 분업이 제도화된 합리적 관리 도구

05. 근대 관료제의 특징
- 권한의 명확성, 법규에 의한 지배
- 고도의 계층제, 분업과 집권화
- 문서주의
- 비정의성, 비개인화, 몰인간성
- 전문화, 전임화, 실적에 의한 임용
- 항구화

07. 조직편성의 원리

분업에 관한 원리
- 분업 원리 — 전문화, 세분화
- 기능명시 원리 — 문서화
- 참모조직 원리 — 계선과 참모
- 부성화 원리 — 업무의 동질화

- 조정 원리 — 분화 → 통합
- 계층제 원리 — 직무를 상하로 등급화한 조직
- 명령통일 원리 — 상관→부하 오직 하나의 채널
- 통솔범위 원리 — 한 상관의 감독 가능한 부하의 수

통합(조정)의 원리

 폴리 암기 TIP
조직의 원리 : 옛날부터 조명 계통은 통합을 해야 해

꼭! 알아야 하는 핵심 문장, 키워드

01   22 채용, 23 경간
_____의 원리는 권한 및 책임 한계가 명확하며 경찰행정의 능률성과 조직의 안정성을 확보할 수 있다.

02   23 승진
_____의 원리는 관리자의 공백 등을 대비하여 대리, 위임, 유고관리자 사전지정 등이 필요하다.

꼭! 알아야 하는 핵심 문장, OX

01   22 채용, 23 경간
분업의 원리는 업무의 전문화를 통해 업무습득에 걸리는 시간을 증가할 수 있지만 분업의 정도가 높아질수록 조직할거주의가 초래될 수 있다.   O/X

02   23 승진
조직의 집단적 노력을 질서있게 배열하는 과정으로 개별적인 활동을 전체적인 관점에서 통일하여 조직의 목표달성도를 높이려는 조직편성의 원리를 명령 통일의 원리라고 한다.   O/X

꼭! 알아야 하는 기출 문제, Review

01   22 채용, 23 경간
경찰조직의 편성원리에 대한 설명으로 가장 적절하지 않은 것은?
① 계층제의 원리 - 권한 및 책임 한계가 명확하며 경찰행정의 능률성과 조직의 안정성을 확보할 수 있다.
② 분업의 원리 - 업무의 전문화를 통해 업무습득에 걸리는 시간을 단축할 수 있지만 분업의 정도가 높아질수록 조직할거주의가 초래될 수 있다.
③ 명령통일의 원리 - 업무수행의 혼선을 방지하여 신속한 의사결정을 하도록 한다.
④ 통솔범위의 원리 - 업무의 종류가 단순할수록 통솔범위는 좁아지며 계층의 수가 많을수록 통솔범위는 넓어진다.

THEME 3 동기부여이론

08. 동기부여 이론

내용이론(what)
- Maslow 욕구계층이론
- Alderfer ERG이론
- McGregor X·Y이론
- Z이론모형
- Herzberg 이원론
- Argryris 성숙·미성숙 이론
- McClelland 성취동기이론
- Hackman & Oldham 직무특성이론

동기유발의 실체가 무엇인가
(What)
욕구충족에 초점

과정이론(How)
- Adams 형평성이론
- Vroom 기대이론
- Porter&Lawler 성과·만족이론
- Locke 목표설정이론
- 학습이론

동기가 어떻게 발휘되는가
(How)
동기유발과정에 초점

08-2. Alderfer의 ERG 이론

Maslow / Alderfer

- Maslow보다 현실적
- 욕구 좌절·퇴행 요소도 포함
- 욕구의 복합성 강조

08-3. Herzberg 이원론

- 불만요인 : 위생요인, 동기유발로 작용 ×
- 만족요인 : 동기유인, 동기유발로 작용

불만요인(위생요인) 직무환경적 요소	만족요인(동기요인) 직무자체적 요소
· 회사의 정책 및 관리 · 감독 기술 · 작업조건 · 대인관계 · 급여·보수, 지위, 안전 · 복지시설	· 성취 · 인정 · 도덕이고 보람있는 작업 자체 · 책임의 증대(직무충실) · 능력 및 지식의 신장 · 승진·성장과 발전
주변 환경에 영향을 미침	동기유발 직접적으로 영향을 미침

08-4. McGregor X·Y 이론

X이론
- 해석 : 인간은 일하기 싫어하는 게으르고 수동적인 존재
- 관리 : 경제적 보상체계의 강화, 집권적 의사결정

Y이론
- 해석 : 인간은 자발적이고 의욕적인 참여, 능동적 활동도 중시
- 관리 : 경제적 보상+사회적 보상, 민주적 리더십, 비공식조직 활용, 자율규제와 자율책임 강조

꼭! 알아야 하는 핵심 문장, OX

01 23 채용2차

맥그리거(McGregor)의 X이론·Y이론은 과정이론에 해당한다.
O/X

02 17 경감, 17 채용2차

매슬로우(Maslow)의 욕구 이론 중 존경의 욕구는 동료·상사·조직 전체에 대한 친근감·귀속감 충족에 관한 것으로 인간관계의 개선, 고충처리 상담 등을 통해 충족시켜 줄 수 있다.
O/X

꼭! 알아야 하는 핵심 문장, 키워드

01 23 채용2차

허즈버그(Herzberg)의 욕구충족요인 이원론(동기위생이론)은 _____ 이론에 해당한다.

02 23 경간

_____는 인간의 욕구를 계층화하여 생존(Existence) 욕구, 존경(Respect) 욕구, 성장(Growth) 욕구의 3단계로 구분하였다.

꼭! 알아야 하는 기출 문제, Review

01 23 채용2차

동기부여이론 중 내용이론에 해당하는 것으로 가장 적절하지 않은 것은?

① 매슬로우(Maslow)의 욕구단계이론
② 맥그리거(McGregor)의 X이론·Y이론
③ 포터와 롤러(Porter & Lawler)의 업적만족이론
④ 허즈버그(Herzberg)의 욕구충족요인 이원론(동기위생이론)

THEME 4 계급제와 직위분류제

11. 계급제와 직위분류제

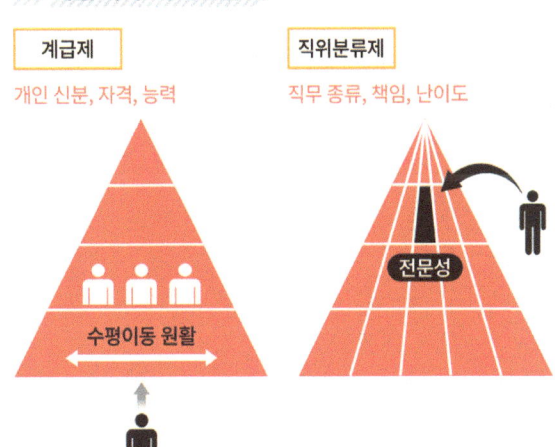

계급제 - 개인 신분, 자격, 능력
직위분류제 - 직무 종류, 책임, 난이도

11-3. 계급제와 직위분류제 구분

구분	계급제	직위분류제
분류기준	사람의 자격·능력·신분 (사람중심)	직무의 종류·책임도·곤란도 (직무중심)
인사관리	연공서열중심	능력과 실적 중심
보수정책	생활급 (비합리적 보수제도)	직무급 (공정한 보수, 보수 형평화)
인사배치	신축성(횡적 이동 용이)	비신축성(수직 이동 용이)
직업 공무원제	확립 용이	확립 곤란
몰입	조직 몰입	직무 몰입
갈등	갈등의 소지 있고 갈등 발생시 조정 가능	갈등의 소지 적고 갈등 발생시 조정 곤란

꼭! 알아야 하는 핵심 문장, 키워드

01 19 채용1차
_____의 경우 동일한 직무를 장기간 담당하게 되어 행정의 전문화에 기여한다.

02 19 승진
_____는 인간중심의 분류방법으로 널리 일반적 교양·능력을 가진 사람을 채용하여 신분보장과 함께 장기간에 걸쳐 능력이 키워지므로 공무원이 보다 종합적·신축적인 능력을 가질 수 있다.

꼭! 알아야 하는 핵심 문장, OX

01 19 채용1차
직위분류제의 경우 널리 일반적 교양, 능력을 갖춘 사람을 채용하여 장기간에 걸쳐 능력을 향상시키므로 공무원이 종합적, 신축적인 능력을 갖출 수 있다. O/X

02 19 승진
계급제는 권한과 책임의 한계를 명확히 하는 장점이 있지만, 유능한 일반행정가의 확보 곤란, 신분보장의 미흡 등의 단점이 있다. O/X

꼭! 알아야 하는 기출 문제, Review

01 19 채용1차
계급제와 직위분류제에 대한 설명으로 가장 적절하지 않은 것은?
① 직위분류제의 경우 직무중심 분류로서 계급제보다 인사배치에 신축성을 기할 수 있다.
② 계급제의 경우 널리 일반적 교양, 능력을 갖춘 사람을 채용하여 장기간에 걸쳐 능력을 향상시키므로 공무원이 종합적, 신축적인 능력을 갖출 수 있다.
③ 직위분류제의 경우 동일한 직무를 장기간 담당하게 되어 행정의 전문화에 기여한다.
④ 우리나라의 공직분류는 계급제 위주에 직위분류제적 요소를 가미한 혼합 형태라고 할 수 있다.

THEME 5. 우리나라 경찰통제 유형

03. 우리나라 경찰통제 유형

민주적 통제
- 경찰위원회 : 국가경찰위원회 및 시·도자치경찰위원회
- 국민감사청구 : 18세이상, 300인 이상 연서로 감사원에 청구

사법통제 행정소송, 국가배상

사전통제 행정절차법(청문, 입법예고, 행정예고 등), 국회 입법권·예산심의권

사후통제 사법심사, 국회의 예산결산권, 국정감사·조사권, 행정심판, 징계, 상급기관의 하급기관에 대한 감독권(감사권) 등

내부통제	경찰내부의 통제로서 청문감사인권관제도, 훈령·직무명령권	
외부통제	행정통제	· 대통령, 행안부장관 · 경찰위원회(내부통제 ×)의 주요정책 심의·의결 · 국민권익위 : 경무관 이상의 부패혐의 수사기관 고발 등 · 중앙행정심판위원회 : 경찰관청의 위법·부당한 처분에 대한 행정심판 재결권 · 소청위, 감사원, 국가인권위(광의)
	입법통제	입법권, 예산 심의의결권, 예산결산권, 국정감사·조사권, 경찰청장·국가수사본부장에 대한 탄핵소추 의결
	사법통제	행정소송, 국가배상소송, 민·형사책임
	민중통제	여론, 언론, 정당, 이익집단, NGO, 국민감사청구제도

꼭! 알아야 하는 핵심 문장, 키워드

01 20 채용2차

상급기관이 갖는 훈령권·직무명령권은 하급기관의 위법이나 재량권 행사의 오류를 시정할 수 있는 _____ 통제장치이다.

02 21·22 경채

「행정소송법」과 「국가배상법」 등 위법한 행정처분에 따른 통제는 _____ 통제이며 외부통제이다.

꼭! 알아야 하는 핵심 문장, OX

01 20 채용2차

국회가 갖는 입법권과 예산심의권은 사후통제에 해당하나 예산 결산권과 국정감사·조사권은 사전통제에 해당한다. O/X

02 21·22 경채

「행정절차법」상 의견제출, 청문제도, 국회의 입법권, 예산심의권은 사후통제이다. O/X

꼭! 알아야 하는 기출 문제, Review

01 20 채용2차

경찰통제에 대한 설명으로 가장 적절하지 않은 것은?

① 경찰위원회제도와 국민감사청구제도는 경찰행정에 대하여 국민들의 참여를 보장하는 민주적 통제장치이다.
② 경찰의 위법행위에 대한 국가배상판결이나 행정심판에 의한 통제는 사법통제이며, 국가인권위원회와 국민권익위원회에 의한 통제는 행정통제이다.
③ 상급기관이 갖는 훈령권·직무명령권은 하급기관의 위법이나 재량권 행사의 오류를 시정할 수 있는 내부적 통제장치이다.
④ 국회가 갖는 입법권과 예산심의권은 사전통제에 해당하나 예산 결산권과 국정감사·조사권은 사후통제에 해당한다.

THEME 6 정보공개

04. 공공기관의 정보공개에 관한 법률

공공기관	① 국가기관 ② 지방자치단체 ③ 「공공기관의 운영에 관한 법률」 제2조에 따른 공공기관 ④ 「지방공기업법」에 따른 지방공사 및 지방공단 ⑤ 그 밖에 대통령령으로 정하는 기관 (공개기관은 국가, 지자체에 한정 ×)
정보	공공기관이 직무상 작성 또는 취득하여 관리하고 있는 문서(전자문서 포함) 및 전자매체를 비롯한 모든 형태의 매체 등에 기록된 사항
공개	공공기관이 정보를 열람하게 하거나 그 사본·복제물을 제공하는 것 또는 정보통신망을 통하여 정보를 제공하는 것

04-1. 정보공개

의미 공공기관의 정보를 국민의 청구에 의해 공개하는 것

특징
- **모든 국민** 청구(일정한 외국인 가능), **말로써** 청구 가능
- 국가기관, 지방자치단체, 공공기관, 공·사립교 대상
- 원칙적으로 모든 정보 공개 (일부 제외)
- 중앙행정기관은 전자적 형태의 정보 중 공개대상으로 분류된 정보는 공개청구가 없어도 공개하여야 함
- 청구 후 10일 이내 공개여부 결정, 10일 연장 가능
- 정보공개 및 운송 등에 드는 비용은 청구인 부담

제외 정보
㉠ 다른법령, 조례에 비공개 규정
㉡ 국가안보, 국방,외교, 통일 등 중대한 국익 침해 가능성
㉢ 개인 프라이버시 침해 우려(담당 공무원 성명, 직무 제외) 등

04-2. 정보공개절차

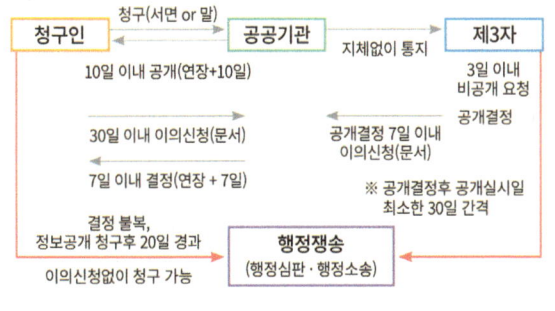

꼭! 알아야 하는 핵심 문장, OX

01 17·20 승진

청구인이 정보공개와 관련한 공공기관의 결정에 대하여 불복하는 경우 이의신청 절차를 거치지 않으면 행정심판을 청구할 수 없다.

O/X

02 19 경채

청구인은 정보공개와 관련한 공공기관의 결정에 대하여 불복이 있거나 정보공개 청구 후 30일이 경과하도록 정보공개 결정이 없는 때에는 행정심판을 청구하거나 행정소송을 제기할 수 있다.

O/X

꼭! 알아야 하는 핵심 문장, 키워드

01 17·20 승진

정보의 공개 및 우송 등에 드는 비용은 실비의 범위에서 정보공개 청구를 받은 _____이 부담한다.

02 18 채용2차, 18 경채, 18 경감

「공공기관의 정보공개에 관한 법률」상 공공기관은 이의신청을 받은 날부터 ____일 이내에 그 이의신청에 대하여 결정하고 그 결과를 청구인에게 지체 없이 문서로 통지하여야 한다.

꼭! 알아야 하는 기출 문제, Review

01 17·20 승진

공공기관의 정보공개에 관한 법률에 대한 설명으로 가장 적절한 것은?

① 정보의 공개를 청구하는 자는 해당 정보를 보유하거나 관리하고 있는 공공기관에 대하여 서면으로만 정보공개를 청구할 수 있다.
② 정보의 공개 및 우송 등에 드는 비용은 실비의 범위에서 정보공개 청구를 받은 행정청이 부담한다.
③ 청구인이 정보공개와 관련한 공공기관의 결정에 대하여 불복하는 경우 이의신청 절차를 거치지 않아도 행정심판을 청구할 수 있다.
④ 공공기관은 정보공개 청구를 받으면 그 청구를 받은 날부터 7일 이내에 공개 여부를 결정하여야 한다.

2단원 : 경찰행정학 **17**

THEME 7 경찰감찰규칙

08. 감찰조사

출석 요구	① 조사기일 3일 전까지(2일 ✕) 출석요구서 or 구두 ※ 징계위원회 출석통지: 5일 전 도달(경찰공무원 징계령) ② 급박하거나 대상자의 요청이 있는 경우에는 즉시 조사 가능
대상자 권리	① 변호인 선임권/진술거부권 명문 규정 ② 조사 전 고지의무 사항 　· 진술거부권 　· 참여(다른 감찰관·변호인), 동석(동료·가족) 신청권 　· 의무위반 요지 ③ 조사대상자가 참여나 동석을 신청할 경우 반드시 참여나 동석을 하도록 해야 한다.
조사 시 유의사항	① 성폭력·성희롱 피해 여성은 피해자 의사에 반하지 않는 한 여경이 조사 ② 심야조사(자정 6시) 금지. 다만, 조사대상자 또는 변호인의 요청이 있는 경우에는 예외적으로 가능 ③ 조사대상자의 조사과정 영상녹화 요청 시 영상녹화 하여야 한다.
민원사건 처리	① 소속공무원의 의무위반 민원 접수일부터 2개월 내 처리 원칙 ② 불친절 또는 경미한 위반에 관한 민원사건은 민원인에게 정식 조사절차 또는 조정절차를 선택할 수 있음을 고지하고, 민원인이 조정절차를 선택한 때에는 해당 소속공무원의 사과, 해명 등의 조정절차를 진행하여야 한다. ③ 다만, 조정 불가 시에는 지체없이 조사절차 진행
기관 통보사건	① 다른 경찰기관, 검찰, 감사원 등 다른 기관으로부터 통보받은 소속공무원의 의무위반행위는 통보받은 날로부터 1개월 내 처리 ② 수사개시 통보가 있으면 징계의결요구권자의 결재를 받아 수사결과 통보시까지 감찰조사, 징계의결요구를 진행하지 않을 수 있다.

 폴리 암기 TIP
징계받으로 오삼

꼭! 알아야 하는 핵심 문장, OX

01　　　　　　　　　　　　　　　　　　16·19 경간 변형

경찰기관장은 1년 이상 성실히 근무한 감찰관에 대해서는 희망부서를 고려하여 전보할 수 있다.
O/X

02　　　　　　　　　　　　　　　　　　　　20 승진

감찰관은 심야(오후 10시부터 오전 6시까지를 말한다)에 조사를 하여서는 아니 된다.
O/X

꼭! 알아야 하는 핵심 문장, 키워드

01　　　　　　　　　　　　　　　　　　16·19 경간 변형

감찰관은 감찰조사를 위해서 조사대상자의 출석을 요구할 때에는 조사기일 _____일 전까지 출석요구서 또는 구두로 조사일시, 의무위반행위사실 요지 등을 통지하여야 한다.

02　　　　　　　　　　　　　　　　　　　18 경감 변형

감찰관은 소속공무원의 의무위반사실에 대한 민원을 접수한 경우 접수일로부터 _____개월 내에 신속히 처리하여야 한다.

꼭! 알아야 하는 기출 문제, Review

01　　　　　　　　　　　　　　　　　　16·19 경간 변형

경찰 감찰 규칙에 대한 설명 중 가장 옳은 것은?

① 감찰관은 감찰조사를 위해서 조사대상자의 출석을 요구할 때에는 조사기일 5일 전까지 출석요구서 또는 구두로 조사일시, 의무위반행위사실 요지 등을 통지하여야 한다. 다만, 사안이 급박한 경우 또는 조사대상자의 요청이 있는 경우에는 즉시 조사에 착수할 수 있다.
② 감찰관은 소속 경찰공무원 등의 의무위반사실에 대한 민원을 접수하였을 때에는 접수일로부터 1개월 내에 신속히 처리하여야 한다.
③ 감찰관은 다른 경찰기관 또는 검찰, 감사원 등 다른 행정기관으로부터 통보받은 소속직원의 의무위반행위에 대해서는 통보받은 날로부터 2개월 이내에 신속히 처리하여야 한다.
④ 경찰기관장은 1년 이상 성실히 근무한 감찰관에 대해서는 희망부서를 고려하여 전보한다.

THEME 8 경찰청 감사 규칙

09. 경찰청 감사 규칙(감사의 종류와 주기)
- 감사의 종류 : 종합감사, 일상감사, 재무감사, 복무감사, 특정감사, 성과감사 [종일 재복(입는) 특성] (교류감사×)
- 종합감사의 주기는 1~3년까지 하되 치안수요 등을 고려하여 조정
- 직전 또는 당해연도에 감사원 등 다른 감사기관이 감사를 실시한 (실시 예정인 경우 포함) 경우 감사의 일부 또는 전부를 실시하지 아니할 수 있다.

10. 경찰청 감사 규칙(감사결과 처리기준)

감사관은 감사결과를 다음 기준에 따라 처리하여야 한다(할 수 있다 ×)

징계·문책요구	징계·문책사유 해당 또는 자체감사 거부, 자료제출을 게을리 한 경우
시정요구	위법·부당하여 추징·회수·환급·추급·원상복구 등이 필요한 경우(변상명령 ×)
개선요구	법령·제도·행정상 모순이나 개선사항 있을 때
권고	문제점이 인정되는 사실에 대안 제시, 개선사항 마련
경고·주의	위법·부당하지만 경미하거나, 감사대상기관이나 부서에 제재가 필요한 경우
통보	위법·부당하지만 위 5개 사항을 요구하기에 부적절하여 자율적으로 처리
변상명령	「회계관계직원 등의 책임에 관한 법률」에 의해 변상책임이 있는 경우
고발	범죄혐의가 있다고 인정되는 경우
현지조치	경미한 지적사항으로서 현지에서 즉시 시정·개선 조치가 필요한 경우

 폴리 암기 TIP
원시 모개 권대

꼭! 알아야 하는 핵심 문장, OX

01   18 경감
경찰청 감사 규칙상 감사결과 문제점이 인정되는 사실이 있어 그 대안을 제시하고 피감사기관의 장 등으로 하여금 개선방안을 마련하도록 할 필요가 있는 경우에 개선요구를 한다.
O/X

02   20 승진
경찰청 감사 규칙상 국가공무원법과 그 밖의 법령에 규정된 징계 또는 문책 사유에 해당하거나 정당한 사유 없이 자체감사를 거부하거나 자료의 제출을 게을리한 경우 징계 또는 문책 요구를 행한다.
O/X

꼭! 알아야 하는 핵심 문장, 키워드

01   18 경감
경찰청 감사 규칙상 감사결과 법령상·제도상 또는 행정상 모순이 있거나 그 밖에 개선할 사항이 있다고 인정되는 경우 _____를 행한다.

02   20 승진
경찰청 감사 규칙상 감사결과 위법 또는 부당하다고 인정되는 사실이 있어 추징 회수 환급 추급 또는 원상복구 등이 필요하다고 인정되는 경우 _____를 행한다.

꼭! 알아야 하는 기출 문제, Review

01   18 경감
경찰청 감사 규칙상 감사결과의 조치기준과 그 내용을 연결한 것으로 가장 적절한 것은?
① 개선요구 - 감사결과 문제점이 인정되는 사실이 있어 그 대안을 제시하고 피감사기관의 장 등으로 하여금 개선방안을 마련하도록 할 필요가 있는 경우
② 권고 - 감사결과 법령상·제도상 또는 행정상 모순이 있거나 그 밖에 개선할 사항이 있다고 인정되는 경우
③ 변상명령 - 감사결과 위법 또는 부당하다고 인정되는 사실이 있어 추징·회수·환급·추급 또는 원상복구 등이 필요하다고 인정되는 경우
④ 통보 - 감사결과 비위 사실이나 위법 또는 부당하다고 인정되는 사실이 있으나 징계 또는 문책 요구, 시정 요구, 경고·주의, 개선 요구, 권고를 하기에 부적합하여 피감사기관 또는 부서에서 자율적으로 처리할 필요가 있다고 인정되는 경우

THEME 1 경찰법의 법원

03. 경찰법의 법원

의의
법원이란 경찰행정에 관한 법의 존재형식을 의미
경찰 행정은 성문법주의가 원칙, 불문법원이 보충적으로 적용.

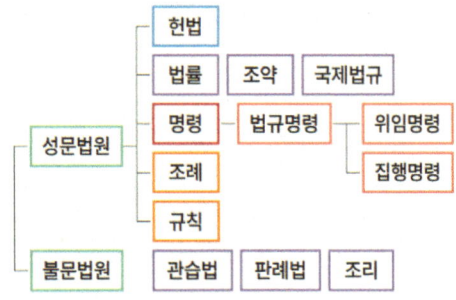

04. 법규명령

구분	위임명령	집행명령
목적	법률의 내용 보충명령	법률의 집행에 관한 시행세칙
법률의 구체적 위임	O	×
새로운 법규사항 규정	O	×
대통령령, 총리령, 부령	모두 해당	모두 해당
형식	~에 관한 사항은 행정안전부령으로 정한다.	~의 시행에 필요한 사항은 행정안전부령으로 정한다.
특징	· 국민과 행정청을 동시에 구속하는 양면적 구속력, 재판규범이 된다. · 국회에서 의결된 법률안은 정부에 이송되어 15일 이내에 대통령이 공포한다 · 법령은 특별한 규정이 없는 한 공포한 날부터 20일 경과시 효력발생 · 국민의 권리제한 또는 의무부과와 직접 관련되는 법령은 공포 후 30일이 경과한 날부터 시행되도록 하여야 함(법령 등 공포에 관한 법률).	
한계	· 법률에 의한 일반적·포괄적 위임 금지 · 국회 전속적 법률사항 위임 금지 · 법률에서 위임한 사항을 전면적 재위임 금지 · 처벌규정 원칙적 금지, 예외적 위임 - 법률이 구체적 기준을 정하여 위임 가능 - 법률이 형벌의 종류와 상한을 정하여 위임 가능	

05. 자치법규

조례
- 자치단체 의회가 제정
- 법률의 위임이 있으면, 주민의 권리제한, 의무부과, 벌칙 부과 가능
- 법률의 위임없어도 조례위반에 대하여 1천만원 이하 과태료 부과 O

규칙 자치단체장이 법령 또는 조례의 범위에서 제정

꼭! 알아야 하는 핵심 문장, OX

01 23 채용1차, 22 경간, 20 승진

경찰법의 법원은 일반적으로 성문법과 불문법원으로 나눌 수 있으며, 헌법, 법률, 조약과 국제법규, 조리와 규칙은 성문 법원이다.

O/X

02 20 경간

조례와 규칙은 지방의회가 정한다.

O/X

꼭! 알아야 하는 핵심 문장, 키워드

01 20 승진

국회의 의결을 거치지 않고 행정기관에 의하여 제정된 성문 법규를 _____ 이라고 한다.

02 23 채용1차

사회의 거듭된 관행으로 생성한 사회생활규범이 사회의 법적 확신과 인식에 의하여 법적 규범으로 승인·강행되기에 이른 것을 _____이라 한다.

꼭! 알아야 하는 기출 문제, Review

01 20 승진

경찰법의 법원에 대한 설명 중 옳지 않은 것을 모두 고른 것은?

> ㉠ 경찰법의 법원은 일반적으로 성문법과 불문법원으로 나눌 수 있으며, 헌법, 법률, 조약과 국제법규, 조리와 규칙은 성문 법원이다.
> ㉡ 국회의 의결을 거치지 않고 행정기관에 의하여 제정된 성문 법규를 법규명령이라고 한다.
> ㉢ 국무총리는 직권으로 총리령을 발할 수 있으나, 행정각부의 장은 직권으로 부령을 발할 수 없다.
> ㉣ 지방의회가 법령의 범위 안에서 제정하는 자치법규를 규칙이라고 한다.

① ㉠, ㉡ ② ㉠, ㉢
③ ㉠, ㉡, ㉣ ④ ㉠, ㉢, ㉣

THEME 2 행정규칙

09. 행정규칙

09-2. 행정규칙

구분	훈령	직무명령
의의	상급관청이 하급관청에 명령	상관이 부하 공무원에게 명령
효력	경찰기관의 의사를 구속	경찰관 개인을 구속
구성원 변경	영향없음	효력 상실
범위	직무사항에 한함	직무사항+공무원의 복무행위 직무와 관련된 사생활 (복장, 두발) (○)
양자 관계	훈령은 직무명령의 성격 ○	직무명령은 훈령의 성격 ×
법적 근거	필요 없음	
요건	형식적 요건과 실질적 요건은 동일	

꼭! 알아야 하는 핵심 문장, 키워드

01   19 승진

_____이란 상관이 부하공무원에게 발하는 명령으로, 특별한 작용법적 근거 없이 발할 수 있다.

02   20 승진

훈령의 _____요건으로는 내용이 실현 가능하고 명확할 것, 내용이 적법하고 타당할 것, 내용이 공익에 반하지 않을 것을 들 수 있다.

꼭! 알아야 하는 핵심 문장, OX

01   19 승진

훈령이란 상급관청이 하급관청의 권한 행사를 지휘하기 위하여 발하는 명령으로 구성원의 변동이 있는 경우에는 당연히 효력을 상실하게 된다.   O/X

02   19 채용2차

훈령을 발하기 위해서는 법령의 구체적 근거를 요하나, 직무명령은 법령의 구체적 근거가 없이도 발할 수 있다.   O/X

꼭! 알아야 하는 기출 문제, Review

01   19 승진

훈령과 직무명령에 대한 설명으로 가장 적절하지 않은 것은?

① 훈령이란 상급관청이 하급관청의 권한 행사를 지휘하기 위하여 발하는 명령으로 구성원의 변동이 있는 경우에는 당연히 효력을 상실하게 된다.
② 직무명령이란 상관이 부하공무원에게 발하는 명령으로, 특별한 작용법적 근거 없이 발할 수 있다.
③ 훈령의 형식적 요건으로 훈령권이 있는 상급관청이 발한 것일 것, 하급관청의 권한 내의 사항에 관한 것일 것, 직무상 독립한 범위에 속하는 사항이 아닐 것을 들 수 있다.
④ 훈령은 원칙적으로 일반적·추상적 사항에 대해서 발해야 하지만, 개별적·구체적 사항에 대해서도 발해질 수 있다.

3단원 : 경찰행정법   **21**

국가경찰위원회와 시·도자치경찰위원회

19. 국가경찰위원회와 시·도자치경찰위원회 비교

구분	국가경찰위원회	시도자치경찰위원회
소속	행정안전부	시·도지사
성질	의결기관	합의제 행정기관(관청)
구성	7인	7인
임기	① 3년, 연임불가 ② 보궐위원은 전임자의 잔여임기	① 3년, 연임불가 ② 보궐위원 전임자의 잔여임기, 1년 미만인 경우 1회 연임 가능
위원장	호선	시·도지사 임명
위원	① 정무직 : 상임위원 ② 2명은 법관 자격자(의무적) ③ 특정 성별 6/10 초과 금지 노력	① 정무직 : 위원장, 상임위원 ② 1명은 인권 전문가 임명되도록 노력 ③ 특정 성별 6/10 초과 금지 노력
자격	없음	있음
결격	경찰/검사/국정원/군인/당적/선거직 퇴직 후 3년 미경과자	경찰/검사/국정원/군인/당적/선거직/공무원 퇴직 후 3년 미경과자
신분보장	○	○
회의	① 정기회 : 월 2회 ② 임시회 (소집 : 위원장 / 요구 : 행안부장관, 위원 3인 이상, 경찰청장)	① 정기회 : 월 1회 이상 ② 임시회 (소집 : 위원장, 시도지사 / 요구 : 위원 2인 이상)
재의요구	행안부 장관이 10일 내 요구 → 위원회는 7일 내 재의결	시·도지사가 요구(기간 제한 X) → 위원회는 7일 내 재의결
신분보장	중대한 신체상, 정신상 장애로 직무를 수행할 수 없게 된 경우를 제외하고는 그 의사에 반하여 면직되지 아니한다.	

꼭! 알아야 하는 핵심 문장, OX

01 22 경간

국가경찰위원회는 위원장 1명을 포함한 7명의 위원으로 구성하되, 위원장과 1명의 위원은 상임으로 하고 5명의 위원은 비상임으로 한다. O/X

02 19 경간

국가경찰위원회 위원은 경찰, 검찰, 국가정보원 직원 또는 군인의 직에서 퇴직한 날부터 2년이 지나지 아니한 사람은 위원이 될 수 없다. O/X

꼭! 알아야 하는 핵심 문장, 키워드

01 21 경감

국가경찰위원회 위원 중 2명은 _____의 자격이 있어야 하며, 특정 성(性)이 10분의 6을 초과하지 아니하도록 노력하여야 한다.

02 21 경채

국가경찰위원회 정기회의는 특별한 사유가 있는 경우를 제외하고는 매월 ____회 위원장이 소집한다.

꼭! 알아야 하는 기출 문제, Review

01 21 경채

국가경찰과 자치경찰의 조직 및 운영에 관한 법률과 국가경찰위원회 규정에 따른 국가경찰위원회에 대한 설명으로 적절하지 않은 것은 모두 몇 개인가?

㉠ 위원장 1명을 포함한 7명의 위원으로 구성하되, 위원장과 1명의 위원은 상임으로 하고 5명의 위원은 비상임으로 한다.
㉡ 위원 중 2명은 법관의 자격이 있어야 하며, 특정 성(性)이 10분의 6을 초과하지 아니하도록 노력하여야 한다.
㉢ 위원이 중대한 심신상의 장애로 직무를 수행할 수 없게 되어 면직하는 경우에는 당연퇴직한다.
㉣ 정기회의는 특별한 사유가 있는 경우를 제외하고는 매월 2회 위원장이 소집한다.
㉤ 국가경찰위원회의 사무는 경찰청에서 수행하며, 경찰청장은 심의·의결된 내용이 적정하지 아니하다고 판단할 때에는 재의를 요구할 수 있다.

① 1개   ② 2개   ③ 3개   ④ 4개

THEME 4 권한의 위임과 대리

30. 경찰관청의 상호관계

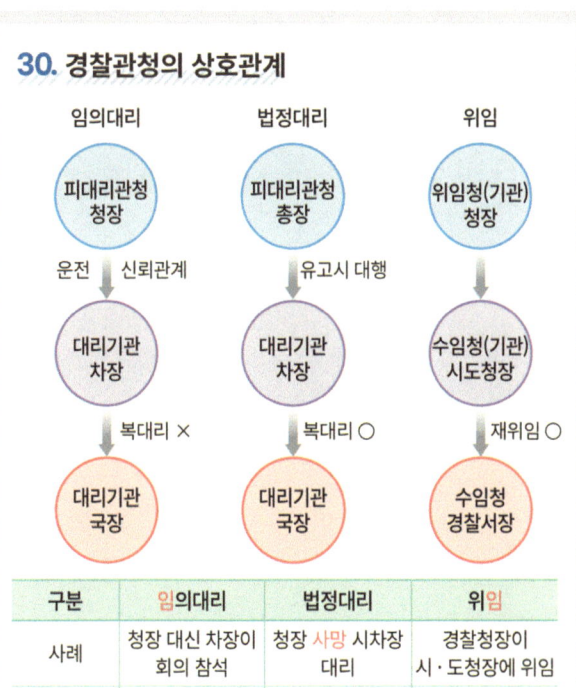

폴리 암기 TIP
 일임

꼭! 알아야 하는 핵심 문장, 키워드

01 20 경간

"_____"이란 법률에 규정된 행정기관의 장의 권한 중 일부를 그 보조기관 또는 하급행정기관의 장이나 지방자치단체의 장에게 맡겨 그의 권한과 책임 아래 행사하도록 하는 것을 말한다.

02 18 경채

권한의 위임의 효과는 _____에 귀속되고 권한의 대리의 효과는 피대리기관에 귀속된다.

꼭! 알아야 하는 핵심 문장, OX

01 18 경채

권한의 위임은 상급관청이 하급관청에 권한의 전부 또는 주요 부분을 이전하여 수임관청의 권한으로 행하도록 하는 것이다.   O/X

02 22 채용2차

법정대리의 경우 피대리관청이 사고 등으로 인해 공석이므로 대리의 법적 효과는 대리관청에 귀속된다.   O/X

꼭! 알아야 하는 기출 문제, Review

01 18 경채

행정청의 권한의 위임과 대리에 대한 설명 중 가장 적절한 것은?
① 권한의 위임은 상급관청이 하급관청에 권한의 전부 또는 주요 부분을 이전하여 수임관청의 권한으로 행하도록 하는 것이다.
② 권한의 위임의 효과는 수임관청에 귀속되고 권한의 대리의 효과는 대리기관에 귀속된다.
③ 권한의 위임은 수임관청이 자기명의로 권한을 행사하지만, 권한의 대리는 피대리관청을 위한 것임을 표시하여 대리기관 명의로 권한을 행사한다.
④ 원칙적으로 임의대리는 권한의 전부에 대해서 가능하고 복대리가 불가능하나, 법정대리는 권한의 일부에 대해서만 가능하고 복대리가 가능하다.

3단원 : 경찰행정법   23

THEME 5 임용권의 위임

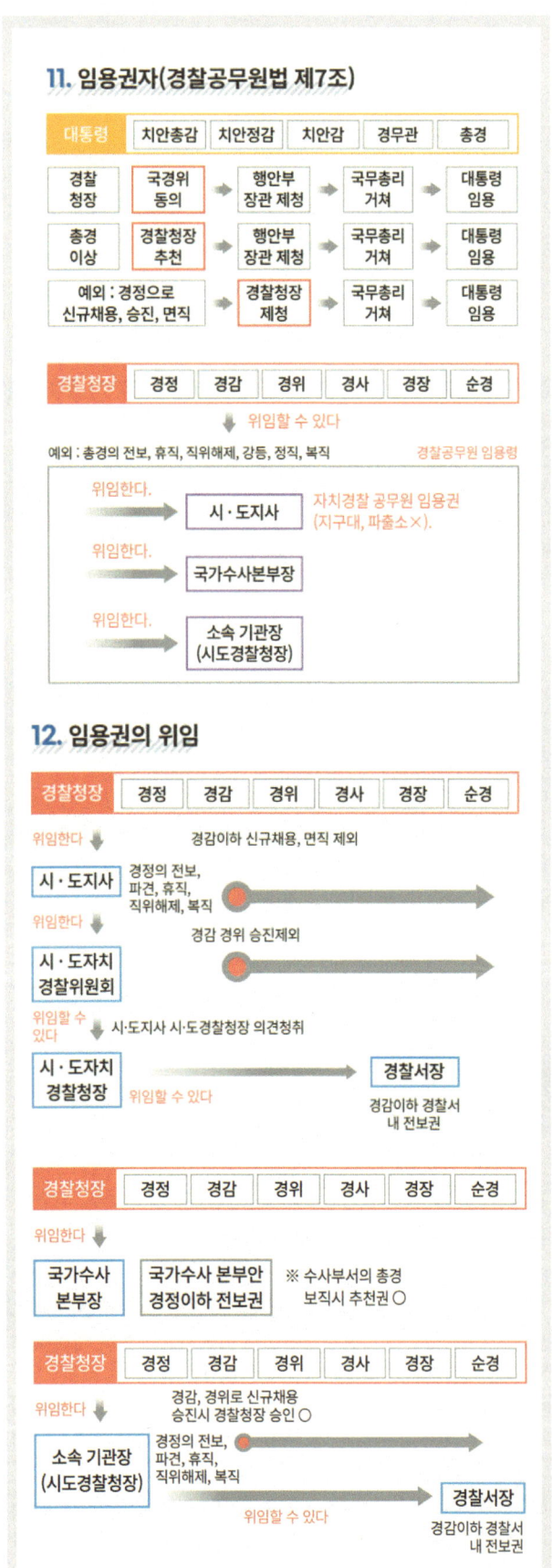

꼭! 알아야 하는 핵심 문장, OX

01 22 경채

경찰공무원 임용령상 임용권을 위임받은 시·도자치경찰위원회는 시·도지사와 경찰청장의 의견을 들어 그 권한의 일부를 시·도 경찰청장에게 다시 위임할 수 있다.

O/X

02 19 경간 변형

경찰공무원 임용령상 경찰청장은 경찰공무원의 임용에 관한 권한의 일부를 소속기관 등의 장에게 위임할 수 있다.

O/X

꼭! 알아야 하는 핵심 문장, 키워드

01 22 경채

경찰청장은 국가수사본부장에게 국가수사본부 안에서의 경정 이하에 대한 _____을 위임한다.

02 19 경간 변형

임용권의 위임을 받은 시·도경찰청장은 경위 또는 경사를 승진시키고자 할 때에는 미리 _____의 승인을 받아야 한다.

꼭! 알아야 하는 기출 문제, Review

01 22 경채

경찰공무원 임용령상 임용권의 위임 등에 관한 설명 중 옳은 것을 모두 고른 것은?

㉠ 경찰청장은 국가수사본부장에게 국가수사본부 안에서의 경정 이하에 대한 임용권을 위임한다.
㉡ 임용권을 위임받은 시·도자치경찰위원회는 시·도지사와 경찰청장의 의견을 들어 그 권한의 일부를 시·도경찰청장에게 다시 위임할 수 있다.
㉢ 시·도경찰청장 및 경찰서장은 지구대장 및 파출소장을 보직하는 경우에는 시·도자치경찰위원회의 추천을 받아야 한다.
㉣ 경찰청장은 수사부서에서 총경을 보직하는 경우에는 국가수사본부장의 추천을 받아야 한다.
㉤ 시·도자치경찰위원회는 임용권을 행사하는 경우에는 시·도경찰청장의 추천을 받아야 한다.

① ㉠, ㉡ ② ㉢, ㉣
③ ㉣, ㉤ ④ ㉡, ㉢, ㉤

THEME 6. 경찰공무원의 의무

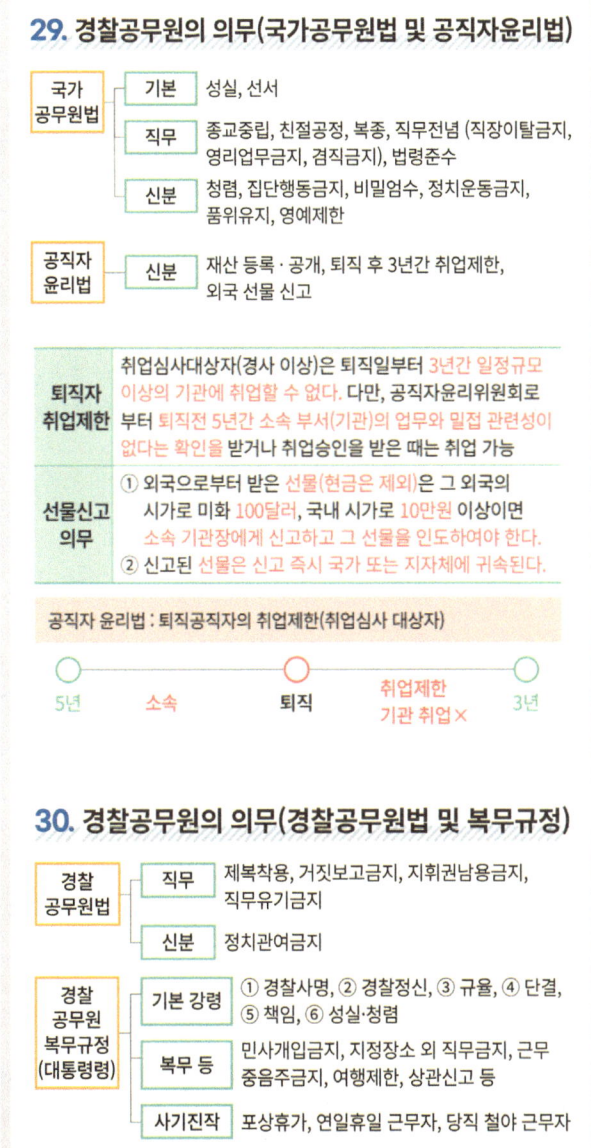

꼭! 알아야 하는 핵심 문장, 키워드

01 23 승진

공무원이 외국 정부로부터 영예나 증여를 받을 경우에는 _____의 허가를 받아야 한다.

02 20 승진

'거짓 보고 등의 금지', '지휘권 남용 등의 금지', '제복 착용'은 _____에 규정되어 있다.

꼭! 알아야 하는 핵심 문장, OX

01 23 승진

공무원은 재직 중에만 직무상 알게 된 비밀을 엄수하여야 한다. O/X

02 19 경채

「경찰공무원법」에서는 성실의무를 명시하고 있는데, 이는 공무원의 기본적 의무로 다른 의무의 원천이라고 할 수 있다. O/X

꼭! 알아야 하는 기출 문제, Review

01 23 승진

국가공무원법상 공무원의 의무에 관한 설명으로 가장 적절하지 않은 것은?
① 공무원은 재직 중은 물론 퇴직 후에도 직무상 알게 된 비밀을 엄수하여야 한다.
② 공무원은 직무와 관련하여 간접적인 사례·증여 또는 향응을 주거나 받을 수 있다.
③ 공무원이 외국 정부로부터 영예나 증여를 받을 경우에는 대통령의 허가를 받아야 한다.
④ 공무원은 종교에 따른 차별 없이 직무를 수행하여야 한다.

3단원 : 경찰행정법

THEME 7. 경찰공무원의 징계책임

31. 징계처분

- **견책**: 훈계하고 회개, 6개월간 승급 ×
- **감봉**: 1개월~3개월 보수 1/3 감함, 12개월간 승급 ×
- **정직**: 1~3개월간 직무종사×, 보수전액 감함, 18개월간 승급 ×
- 신분보장 ○
- **강등**: 1계급아래로 직급을 내리는 것 3개월 간 종사 ×, 보수전액 감함, 18개월간 승급×
- **해임**: 강제퇴직, 3년간 공직임용 제한 (경찰관 재임용 불가), 퇴직급여 영향 없음, But 금품, 공금횡령·유용시 (근무기간 5년 미만: 퇴직급여 1/8, 5년 이상: 1/4 감액)
- 신분보장 ×
- **파면**: 강제퇴직, 5년간 공직임용 제한(경찰관 재임용 불가) 퇴직급여 일부 삭감 (근무기간 5년 미만: 퇴직급여의 1/4, 5년 이상: 1/2 감액)

 폴리 암기 TIP
징계처분: 파! 해 강정 감견 / 강정이 딱딱해! 18 / 오파(빠) 해삼 먹어

33. 징계처분권자

징계	관할	보통징계위 경감 이하	경찰청 중앙징계위		국무총리 중앙징계위 경무관 이상
			경정	총경	
중징계	파면	관할 징계위원회가 설치된 기관의 장 (중징계는 임용권자)	경찰청장		대통령 ↑(장관·총리) 청장 제청
	해임				
	강등				
	정직				
경징계	감봉		경찰청장		
	견책				

꼭! 알아야 하는 핵심 문장, OX

01 21 채용2차

「경찰공무원법」상 경무관 이상의 경찰공무원에 대한 징계의결은 「국가공무원법」에 따라 ____소속으로 설치된 징계위원회에서 한다.   O/X

02 19 승진

강등 징계 시 3개월간 직무에 종사하지 못하며 금품 또는 향응 수수로 강등의 징계처분을 받은 경우 그 처분의 집행이 끝난 날로부터 21개월이 지나지 않으면 승진임용을 할 수 없다.   O/X

꼭! 알아야 하는 핵심 문장, 키워드

01 21 채용2차

「국가공무원법」상 정직은 1개월 이상 3개월 이하의 기간으로 하고, 정직 처분을 받은 자는 그 기간 중 공무원의 신분은 보유하나 직무에 종사하지 못하며 보수는 _____을 감한다.

02 22 경간

경찰청 소속 _____이상의 강등 및 정직과 경정 이상의 파면 및 해임은 경찰청장의 제청으로 행정안전부장관과 국무총리를 거쳐 대통령이 한다.

꼭! 알아야 하는 기출 문제, Review

01 21 채용2차

경찰공무원의 징계책임에 대한 설명으로 가장 적절한 것은?
① 경찰공무원 징계령상 중징계에는 파면, 해임 및 강등이 있으며, 경징계에는 정직, 감봉 및 견책이 있다.
② 경찰공무원 징계령상 징계 등 심의 대상자는 증인의 심문을 신청할 수 있다. 이 경우 징계위원회의 위원장이 그 채택 여부를 결정한다.
③ 국가공무원법상 정직은 1개월 이상 3개월 이하의 기간으로 하고, 정직 처분을 받은 자는 그 기간 중 공무원의 신분은 보유하나 직무에 종사하지 못하며 보수는 3분의 2를 감한다.
④ 경찰공무원법상 경무관 이상의 경찰공무원에 대한 징계의결은 국가공무원법에 따라 국무총리 소속으로 설치된 징계위원회에서 한다.

THEME 8 소청심사위원회

44. 소청심사위원회

소속	· 행정기관 공무원의 소청을 심사·결정하게 하기 위하여 인사혁신처에 둔다. · 국회사무처, 법원행정처, 헌법재판소사무처 및 중앙선거관리위원회사무처에 각각 해당 소청심사위원회를 둔다.
성격	합의제 행정관청
구성	5~7인 상임위원(위원장 포함) + 상임위원의 1/2이상 비상임위원 ※ 국회, 법원, 헌재, 선관위 등에 설치된 소청위는 5~7명의 비상임으로만 구성
위원장	정무직, 대통령 임명
위원	· 처장 제청 → (총리) → 대통령 임명 · 3급 이상 또는 고위공무원단 3년이상 근무한 자(상임) · 행정학, 정치학, 법률학 전공 부교수 5년 이상(비상임) · 법관, 검사, 변호사 자격 5년 이상(비상임) · 임기 : 상임위원은 3년(1차에 한하여 연임), 비상임위원은 2년 · 상임위원은 다른 직무 겸직 금지 · 금고(벌금×) 이상 형벌, 장기 심신쇠약 등을 제외하고 면직불가
심사	① 심사청구는 징계처분 설명서를 받은 날 또는 의사에 반한 불리한 처분이 있은 것을 안 날부터 30일 이내 해야 한다. (기간 도과시 행정소송 불가) ② 검증·감정·사실조사·증인소환 등을 할 수 있으며, 관계기관의 공무원을 증인으로 소환하면 해당 기관장은 이에 따라야 한다. ③ 심사를 할 때에는 소청인 또는 대리인에게 진술기회를 주어야 하며, 진술기회를 주지 아니한 결정은 무효(취소×)로 한다.

💡 **폴리 암기 TIP**
소삼겹살 (냄새가) 부오

꼭! 알아야 하는 핵심 문장, OX

01 19 승진

인사혁신처에 설치된 소청심사위원회는 위원장 1명을 제외한 5명 이상 7명 이하의 상임위원과 상임위원 수의 2분의 1 이상인 비상임위원으로 구성되며, 위원은 인사혁신처장의 제청으로 국무총리를 거쳐 대통령이 임명한다.

O/X

02 19 경채

소청심사위원회는 심사 중 다른 비위사실이 발견되더라도 원처분보다 중한 징계를 부과하는 결정은 할 수 없다.

O/X

꼭! 알아야 하는 핵심 문장, 키워드

01 19 승진

소청심사위원회의 위원은 _____ 이상의 형벌이나 장기의 심신 쇠약으로 직무를 수행할 수 없게 된 경우 외에는 본인의 의사에 반하여 면직되지 아니한다.

02 16 경간

인사혁신처 소청심사위원회의 소청사건의 결정은 재적위원의 _____ 이상 출석과 출석위원 과반수의 합의에 의하여 결정한다.

꼭! 알아야 하는 기출 문제, Review

01 19 승진

인사혁신처에 설치된 소청심사위원회에 대한 설명으로 가장 적절하지 않은 것은?

① 소청심사위원회의 위원은 금고 이상의 형벌이나 장기의 심신 쇠약으로 직무를 수행할 수 없게 된 경우 외에는 본인의 의사에 반하여 면직되지 아니한다.
② 위원장 1명을 포함한 5명 이상 7명 이하의 상임위원과 상임위원 수의 2분의 1 이상인 비상임위원으로 구성되며, 위원은 인사혁신처장의 제청으로 국무총리를 거쳐 대통령이 임명한다.
③ 3급 이상 공무원 또는 고위공무원단에 속하는 공무원으로 3년 이상 근무한 자는 비상임위원은 될 수 있으나, 상임위원은 될 수 없다.
④ 소청심사위원회의 취소명령 또는 변경명령 결정은 그에 따른 징계나 그 밖의 처분이 있을 때까지는 종전에 행한 징계처분에 영향을 미치지 아니한다.

THEME 9 경찰비례의 원칙

08. 비례의 원칙

행정기본법 제10조(비례의 원칙)

행정작용은 다음 각 호의 원칙에 따라야 한다.
1. 행정목적을 달성하는 데 유효하고 적절할 것(적합성)
2. 행정목적을 달성하는 데 필요한 최소한도에 그칠 것(필요성)
3. 행정작용으로 인한 국민의 이익 침해가 그 행정작용이 의도하는 공익보다 크지 아니할 것(상당성)

- **적합성의 원칙** 수단의 적합성
- **필요성의 원칙** 최소침해의 원칙
- **상당성의 원칙** 법익균형성의 원칙(협의의 비례원칙), 공익>사익

01. 경찰관 직무집행법

제1조(목적)

① 이 법은 국민의 자유와 권리 및 모든 개인이 가지는 불가침의 기본적 인권을 보호하고 사회공공의 질서를 유지하기 위한 경찰관(경찰공무원만 해당한다. 이하 같다)의 직무 수행에 필요한 사항을 규정함을 목적으로 한다.
② 이 법에 규정된 경찰관의 직권은 그 직무 수행에 필요한 최소한도에서 행사되어야 하며 남용되어서는 아니 된다(비례의 원칙).

경찰비례의 원칙
- '과잉금지의 원칙'이라고 함
- 경찰권 발동의 조건과 정도를 명시한 원칙
- 초기에는 경찰행정에서 논의, 오늘날에는 모든 행정에서 적용
- 내용 : 적합성, 필요성, 상당성(협의의 비례원칙, 사익과 공익 비교형량)

꼭! 알아야 하는 핵심 문장, OX

01 23 채용1차

적합성의 원칙은 목적을 달성할 수 있는 수단이 여러 가지가 있는 경우에 적합한 여러 가지 수단 중에서 가장 적게 침해를 가져오는 수단을 선택해야 한다는 원칙이다.

O/X

02 20 승진

경찰비례의 원칙의 내용으로서 '적합성의 원칙', '필요성의 원칙', '상당성의 원칙'이 있으며 적어도 하나는 충족해야 위법하지 않다.

O/X

꼭! 알아야 하는 핵심 문장, 키워드

01

_____의 원칙은 경찰관의 어떤 조치가 경찰목적 달성을 위해 필요한 경우라고 하여도 그 조치에 따른 불이익이 그 조치로 인해 발생하는 이익보다 큰 경우에는 경찰권을 발동해서는 안 된다는 원칙이다.

02 22 승진

경찰행정관청의 특정행위가 공적 목적 달성을 위해 적합하고, 국민에게 가장 피해가 적으며 달성되는 _____이 침해되는 _____보다 더 커야 적법한 행정작용이 될 수 있다.

꼭! 알아야 하는 기출 문제, Review

01 23 채용1차

경찰비례의 원칙에 관한 설명으로 가장 적절하지 않은 것은? (다툼이 있는 경우 판례에 의함)

① 경찰비례의 원칙은 일반적 수권조항에 근거하여 경찰권을 발동하는 경우는 물론, 개별적 수권조항에 근거하여 경찰권을 발동하는 경우에도 적용된다.
② 적합성의 원칙은 경찰관의 어떤 조치가 경찰목적 달성을 위해 필요한 경우라고 하여도 그 조치에 따른 불이익이 그 조치로 인해 발생하는 이익보다 큰 경우에는 경찰권을 발동해서는 안 된다는 원칙이다.
③ 필요성의 원칙(최소침해의 원칙)은 목적을 달성할 수 있는 수단이 여러 가지가 있는 경우에 적합한 여러 가지 수단 중에서 가장 적게 침해를 가져오는 수단을 선택해야 한다는 원칙이다.
④ 경찰비례의 원칙은 행정기본법 제10조, 경찰관직무집행법 제1조 제2항 등에서 근거를 찾아볼 수 있다.

THEME 10 신뢰보호의 원칙

10. 신뢰보호의 원칙

 행정기본법 제12조(신뢰보호의 원칙)
① 행정청은 공익 또는 제3자의 이익을 현저히 해칠 우려가 있는 경우를 제외하고는 행정에 대한 국민의 정당하고 합리적인 신뢰를 보호하여야 한다.
② 행정청은 권한 행사의 기회가 있음에도 불구하고 장기간 권한을 행사하지 아니하여 국민이 그 권한이 행사되지 아니할 것으로 믿을 만한 정당한 사유가 있는 경우에는 그 권한을 행사해서는 아니 된다. 다만, 공익 또는 제3자의 이익을 현저히 해칠 우려가 있는 경우는 예외로 한다.

10-1. 신뢰보호 요건

- **행정청의 선행조치**: 행정청의 선행조치(법령, 행정계획, 행정행위, 확약, 행정지도 등)
  ※ 판례는 행정청의 선행조치를 '공적 견해의 표명'으로 표현한다.
- **신뢰의 보호가치 존재**: 상대방의 귀책사유가 없어야 한다.
- **신뢰에 입각한 상대방의 조치**: 상대방이 행정청의 선행조치를 믿고 영업 준비를 하는 등 어떠한 조치(적극적·소극적 행위 불문)를 취하여야 한다(정신적 신뢰 ×).
- **인과관계**: 상대방의 신뢰와 조치에 인과관계가 있어야 함
- **선행조치에 반하는 행정청의 조치**
- **개인의 이익 침해**

꼭! 알아야 하는 핵심 문장, 키워드

01 23 승진

행정청은 권한 행사의 기회가 있음에도 불구하고 장기간 권한을 행사하지 아니하여 국민이 그 권한이 행사되지 아니할 것으로 믿을 만한 정당한 사유가 있는 경우에는 그 권한을 행사해서는 아니 된다는 _____ 원칙에 해당한다.

02 22 채용1차

「행정기본법」 제12조 제1항은 "행정청은 _____ 또는 제3자의 이익을 현저히 해칠 우려가 있는 경우를 제외하고는 행정에 대한 국민의 정당하고 합리적인 신뢰를 보호하여야 한다."

꼭! 알아야 하는 핵심 문장, OX

01 23 승진

행정청은 행정작용을 할 때 상대방에게 해당 행정작용과 실질적인 관련이 없는 의무를 부과해서는 아니 된다는 원칙은 신뢰보호의 원칙에 해당한다. O/X

02 22 채용2차

폐기물처리업에 대하여 사전에 관할 관청으로부터 적정통보를 받고 막대한 비용을 들여 허가요건을 갖춘 다음 허가신청을 하였음에도 관할 관청으로부터 '다수 청소업자의 난립으로 안정적이고 효율적인 청소업무의 수행에 지장이 있다'는 이유로 불허가처분을 받은 경우, 그 처분은 신뢰보호원칙 위반으로 인한 위법한 처분에 해당되지 않는다. O/X

꼭! 알아야 하는 기출 문제, Review

01 23 승진

행정기본법상 신뢰보호의 원칙에 해당하는 것은?

① 행정청은 권한 행사의 기회가 있음에도 불구하고 장기간 권한을 행사하지 아니하여 국민이 그 권한이 행사되지 아니할 것으로 믿을 만한 정당한 사유가 있는 경우에는 그 권한을 행사해서는 아니 된다. 다만, 공익 또는 제3자의 이익을 현저히 해칠 우려가 있는 경우는 예외로 한다.
② 행정청은 합리적 이유 없이 국민을 차별해서는 아니 된다.
③ 행정청의 행정작용은 행정목적을 달성하는 데 유효하고 적절해야 하며, 필요한 최소한도에 그칠 것이고, 행정작용으로 인한 국민의 이익 침해가 그 행정작용이 의도하는 공익보다 크지 아니 해야 한다.
④ 행정청은 행정작용을 할 때 상대방에게 해당 행정작용과 실질적인 관련이 없는 의무를 부과해서는 아니 된다.

3단원 : 경찰행정법

THEME 11 부관

22. 부관

의의 처분의 효력를 제한하거나 보충 또는 의무를 부과하기 위하여 주된 처분에 부가된 종된 규율

행정기본법 제17조(부관)

① 행정청은 처분에 재량이 있는 경우에는 부관(조건, 기한, 부담, 철회권의 유보 등을 말한다. 이하 이 조에서 같다)을 붙일 수 있다.
② 행정청은 처분에 재량이 없는 경우에는 법률에 근거가 있는 경우에 부관을 붙일 수 있다.
③ 행정청은 부관을 붙일 수 있는 처분이 다음 각 호의 어느 하나에 해당하는 경우에는그 처분을 한 후에도 부관을 새로 붙이거나 종전의 부관을 변경할 수 있다.
  1. 법률에 근거가 있는 경우   2. 당사자의 동의가 있는 경우
  3. 사정이 변경되어 부관을 새로 붙이거나 종전의 부관을 변경하지 아니하면 해당 처분의 목적을 달성할 수 없다고 인정되는 경우
④ 부관은 다음 각 호의 요건에 적합하여야 한다.
  1. 해당 처분의 목적에 위배되지 아니할 것
  2. 해당 처분과 실질적인 관련이 있을 것
  3. 해당 처분의 목적을 달성하기 위하여 필요한 최소한의 범위일 것

22-1. 부관의 종류

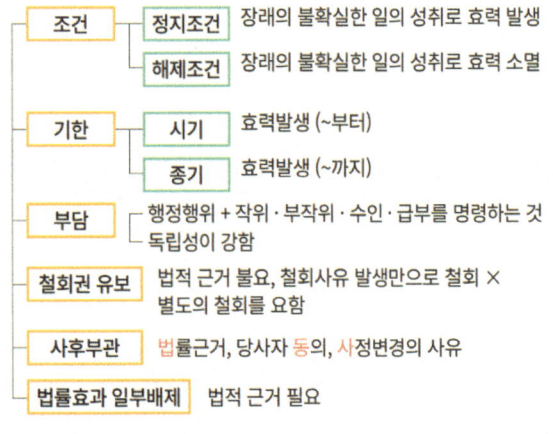

- 조건
  - 정지조건: 장래의 불확실한 일의 성취로 효력 발생
  - 해제조건: 장래의 불확실한 일의 성취로 효력 소멸
- 기한
  - 시기: 효력발생 (~부터)
  - 종기: 효력발생 (~까지)
- 부담: 행정행위 + 작위·부작위·수인·급부를 명령하는 것 / 독립성이 강함
- 철회권 유보: 법적 근거 불요, 철회사유 발생만으로 철회 ×, 별도의 철회를 요함
- 사후부관: 법률근거, 당사자 동의, 사정변경의 사유
- 법률효과 일부배제: 법적 근거 필요

꼭! 알아야 하는 핵심 문장, OX

01 21 경간

법정부관의 경우 처분의 효과제한이 직접 법규에 의해서 부여되는 부관으로서 이는 행정행위의 부관에 해당한다.   O/X

02 23 채용2차

행정행위의 부관은 기한인 경우를 제외하고는 독립하여 행정소송의 대상이 될 수 없다.   O/X

꼭! 알아야 하는 핵심 문장, 키워드

01 21 경간

부담과 정지조건의 구별이 불분명한 경우에는 최소침해의 원칙에 따라 _____으로 보아야 한다.

02 23 채용1차

행정청은 부관을 붙일 수 있는 처분이 당사자의 _____가 있는 경우에는 그 처분을 한 후에도 부관을 새로 붙이거나 종전의 부관을 변경할 수 있다.

꼭! 알아야 하는 기출 문제, Review

01 21 경간

경찰허가의 효과를 제한 또는 보충하기 위하여 주된 의사 표시에 부가된 종된 의사표시를 부관이라고 한다. 부관에 대한 설명으로 옳지 않은 것은?

① 법정부관의 경우 처분의 효과제한이 직접 법규에 의해서 부여되는 부관으로서 이는 행정행위의 부관과는 구별되는 개념으로 원칙적으로 부관의 개념에 속하지 않는다.
② 부담은 그 자체가 하나의 행정행위이다. 즉, 하명으로서의 성격을 지니기 때문에 분리가 가능하지만, 그 자체가 독립적으로 행정쟁송 및 경찰강제의 대상이 될 수 없다.
③ 부담과 정지조건의 구별이 불분명한 경우에는 최소침해의 원칙에 따라 부담으로 보아야 한다.
④ 수정부담은 새로운 의무를 부과하는 것이 아니라 상대방이 신청한 것과는 다르게 행정행위의 내용을 정하는 부관을 말하며 상대방의 동의가 있어야 효력이 발생한다.

THEME 12 처분

04. 처분과 제재처분

처분	행정청이 구체적 사실에 관하여 행하는 법 집행으로서 공권력의 행사 또는 그 거부와 그 밖에 이에 준하는 행정작용 • 개별적 구체적 규율(도로점용허가) • 일반적 구체적 규율(일반처분) : 도로상 교통표지(명령, 금지), 교통신호등, 교통수신호, 지방경찰청장의 횡단보도 설치(경찰청의 횡단보도 설치에 대한 기본계획 ×) • 공권력 행사 및 거부(주민등록번호 변경신청 거부)
제재처분	법령등에 따른 의무를 위반하거나 이행하지 아니하였음을 이유로 당사자에게 의무를 부과(과징금)하거나 권익을 제한(운전면허 정지·취소)하는 처분·행정상 강제는 제외한다. *행정상 강제 : 강제집행 (행정대집행, 이행강제금의 부과, 직접강제, 강제징수), 즉시강제

14. 처분의 효력

 제15조(처분의 효력)

처분은 권한이 있는 기관이 취소 또는 철회하거나 기간의 경과 등으로 소멸되기 전까지는 유효(적법×)한 것으로 통용된다. 다만, 무효인 처분은 처음부터 그 효력이 발생하지 아니한다.

공정력(公定力)
- 처분에 비록 하자가 있다고 하더라도 무효인 경우를 제외하고 권한 있는 기관(처분청, 감독청, 행정심판위원회, 법원)에 의하여 취소되기 전까지 누구도(상대방, 다른 행정청, 민·형사법원) 그 효력을 부인할 수 없어 일단 유효한 것으로 통용되는 힘을 말한다.
- '통용'된다는 것은 유효한 것으로 인정된다는 의미이고 적법하다는 의미는 아니다. 위법하더라도 잠정적으로 유효한 것으로 인정된다는 의미이다.

꼭! 알아야 하는 핵심 문장, 키워드

01

당사자의 신청에 따른 처분은 법령 등에 특별한 규정이 있거나 처분 당시의 법령등을 적용하기 곤란한 특별한 사정이 있는 경우를 제외하고는 _____당시의 법령 등에 따른다.

02

무효인 처분은 _____부터 그 효력이 발생하지 아니한다.

꼭! 알아야 하는 핵심 문장, OX

01

처분은 권한이 있는 기관이 취소 또는 철회하거나 기간의 경과 등으로 소멸되기 전까지는 적법한 것으로 통용된다. O/X

02 23 채용2차

국립 교육대학 학생에 대한 퇴학처분은 행정처분에 해당하지 않는다. O/X

꼭! 알아야 하는 기출 문제, Review

01 보충

행정기본법상 "처분"에 대한 설명으로 가장 옳은 것은?
① 처분은 권한이 있는 기관이 취소 또는 철회하거나 기간의 경과 등으로 소멸되기 전까지는 적법한 것으로 통용된다.
② 무효인 처분은 소급하여 그 효력이 발생하지 아니한다.
③ 당사자의 신청에 따른 처분은 법령등에 특별한 규정이 있거나 처분 당시의 법령등을 적용하기 곤란한 특별한 사정이 있는 경우를 제외하고는 처분 당시의 법령 등에 따른다.
④ 법령 등을 위반한 행위의 성립과 이에 대한 제재처분은 법령 등에 특별한 규정이 있는 경우를 제외하고는 변경된 법령 등을 적용하는 것이 원칙이다.

THEME 13 경찰권 발동의 조리상 한계

05. 경찰권 발동의 조리상 한계-1

경찰소극 목적의 원칙
독일의 크로이쯔베르크 판결에 의해서 확립

경찰 공공의 원칙
사생활 불가침의 원칙, 사주소 불가침의 원칙, 민사관계 불간섭 원칙 등

경찰책임의 원칙
- 경찰권은 경찰위반상태(사회공공의 안녕과 질서에 위험이 있는 상태)에 책임이 있는 자에게만 발동되어야 한다는 원칙
- 「누가 위험을 방지하거나 제거할 의무를 지는가」의 문제로서, 형법상 위법한 행위에 대하여 처벌하는 것과 무관
- 위험상황이 존재하면 인정, 경찰책임자의 고의, 과실, 위법성, 위험 인식, 행위능력, 책임능력, 국적, 정당한 권원을 불문
- 모든 자연인, 권리능력이 없는 사법인(私法人)도 경찰책임자가 됨

06. 경찰권 발동의 조리상 한계-2

경찰비례의 원칙
- '과잉금지의 원칙'이라고 함
- 경찰권 발동의 조건과 정도를 명시한 원칙
- 초기에는 경찰행정에서 논의, 오늘날에는 모든 행정에서 적용
- 내용 : 적합성, 필요성, 상당성(협의의 비례원칙, 사익과 공익 비교형량)

보충성의 원칙
다른 수단이 없을 때 최후적으로 사용해야 한다는 원칙

경찰평등의 원칙
경찰권은 그 대상이 되는 모든 사람에게 차별없이 평등하게 행사되어야 한다는 원칙

꼭! 알아야 하는 핵심 문장, 키워드

01 　　　　　　　　　　　　　　　　　　22 경간

_____의 원칙이란 경찰권은 공공의 안녕·질서유지에 관계없는 사적 관계에 대해서 발동되어서는 안 된다는 원칙을 의미한다.

02 　　　　　　　　　　　　　　　　　　19 채용1차

_____의 원칙이란 경찰작용에 있어 목적 실현을 위한 수단과 당해 목적 사이에 합리적인 비례관계가 있어야 한다는 원칙이다.

꼭! 알아야 하는 핵심 문장, OX

01 　　　　　　　　　　　　　　　　　　22 경간

경찰책임의 원칙이란 경찰권은 그 대상이 되는 모든 사람에게 차별 없이 평등하게 행사되어야 한다는 것을 의미한다. O/X

02 　　　　　　　　　　17 경간, 19 채용2차

경찰책임은 사회 공공의 안녕과 질서에 대한 객관적 위험상황이 존재하면 인정되며, 자연인·법인, 고의·과실, 위법성 유무, 의사·행위·책임능력의 유무 등을 불문하지 않는다. O/X

꼭! 알아야 하는 기출 문제, Review

01 　　　　　　　　　　　　　　　　　　22 경간

경찰권 발동의 조리상 한계에 대한 설명으로 가장 적절하지 않은 것은?

① 경찰공공의 원칙이란 경찰권은 공공의 안녕·질서유지에 관계없는 사적 관계에 대해서 발동되어서는 안 된다는 원칙을 의미한다.
② 경찰비례의 원칙 중 필요성의 원칙은 협의의 비례원칙이라고도 불리며 경찰기관의 조치는 그 목적을 달성하는데 적합하여야 한다는 원칙이다.
③ 경찰책임의 원칙이란 경찰권은 원칙적으로 경찰위반상태를 야기한 자, 즉 공공의 안녕·질서의 위험에 대하여 행위책임 또는 상태책임을 질 자에게만 발동될 수 있다는 원칙이다.
④ 경찰평등의 원칙이란 경찰권은 그 대상이 되는 모든 사람에게 차별 없이 평등하게 행사되어야 한다는 것을 의미한다.

THEME 14. 경찰상 행정행위

09. 행정행위

의의: 행정청이 구체적 사실에 관하여 법집행으로 행하는 권력적·단독적 행위

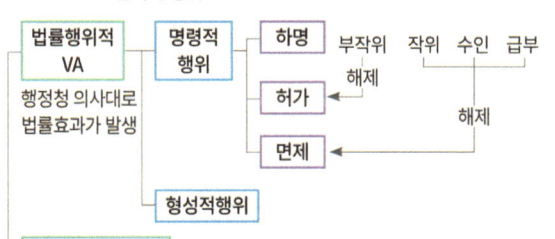

- 법률행위적 VA: 행정청 의사대로 법률효과가 발생
  - 명령적 행위: 하명(부작위, 작위, 수인, 급부), 허가(해제), 면제(해제)
  - 형성적행위
- 준법률행위적 VA: 공증, 통지, 수리, 확인
  - 법률에서 정한대로 법적 효과가 발생

10-1. 경찰하명의 효과

- 하명의 상대방은 행정주체에 대하여만 의무를 이행할 책임 ○, 3자에 대하여 법상 의무를 부담하는 것 ×
- 하명의 효과는 원칙적으로 수명자 ○, 대물적 하명은 물건의 법적 지위를 승계한 자에게도 효과 ○

10-2. 경찰하명 위반의 효과

- 경찰의무 불이행 → 경찰상 강제집행
- 경찰의무 위반 → 경찰벌
- 경찰하명에 위반한 행위는 원칙적으로 그 법적 효력(사법)에는 영향 × (영업정지명령에 위반하여 물건을 판매 → 거래행위의 효력에는 영향×)

꼭! 알아야 하는 핵심 문장, OX

01   23 채용1차

경찰하명에 위반한 행위는 강제집행이나 처벌의 대상이 되고, 원칙적으로 사법(私法)상의 법률적 효력까지 부인하는 것이다.
O/X

02   21 경채

위법한 하명으로 인하여 권리나 이익이 침해된 자는 고소, 고발, 정당방위 및 손실보상 청구를 통하여 구제받는다.
O/X

꼭! 알아야 하는 핵심 문장, 키워드

01   23 채용1차

부작위하명은 적극적으로 어떤 행위를 하지 말 것을 명하는 것으로 _____라 부르기도 한다.

02   23 승진

행정목적을 위하여 국가의 일반통치권에 의거 개인에게 특정한 작위·부작위·수인 또는 급부의 의무를 명하는 행정행위, 개인에게 특정 의무를 명하는 _____ 행정행위를 하명이라 한다.

꼭! 알아야 하는 기출 문제, Review

01   23 채용1차

경찰하명에 관한 설명으로 가장 적절하지 않은 것은? (다툼이 있는 경우 판례에 의함)

① 경찰하명은 경찰상의 목적을 위하여 국가의 일반통치권에 의거, 개인에게 특정한 작위·부작위·수인 또는 급부의 의무를 명하는 행정행위이다.
② 부작위하명은 적극적으로 어떤 행위를 하지 말 것을 명하는 것으로 '면제'라 부르기도 한다.
③ 경찰하명에 위반한 행위는 강제집행이나 처벌의 대상이 되지만, 원칙적으로 사법(私法)상의 법률적 효력까지 부인하는 것은 아니다.
④ 위법한 경찰하명으로 인하여 권리·이익이 침해된 자는 행정쟁송 또는 손해배상을 청구할 수 있다.

3단원 : 경찰행정법

THEME 15 의무이행 확보수단

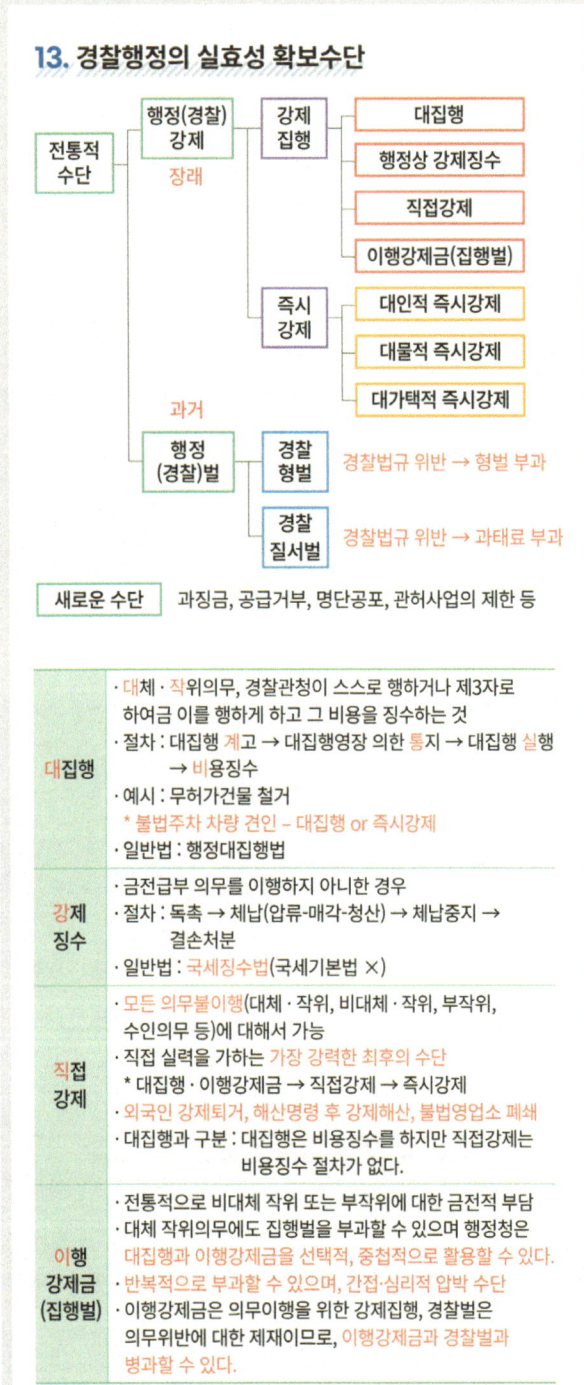

꼭! 알아야 하는 핵심 문장, OX

01
21 채용1차

경찰벌은 장래에 향하여 의무이행을 강제한다는 점에서 과거의 의무위반에 대한 제재인 경찰상 강제집행과 구별된다.

O/X

02
21 승진

강제징수란 국민이 국가 또는 공공단체에 대해 부담하고 있는 공법상의 금전급부의무를 이행하지 않는 경우에 행정청이 강제적으로 의무가 이행된 것과 동일한 상태를 실현하는 작용으로 새로운 의무이행확보 수단이다.

O/X

꼭! 알아야 하는 핵심 문장, 키워드

01
21 채용1차

경찰상 강제집행은 경찰하명에 의한 의무의 존재 및 그 불이행을 전제로 한다는 점에서 의무불이행을 전제로 하지 않는 경찰상 _____와 구별된다.

02
21 승진

_____은 의무이행을 위한 강제집행이라는 점에서 의무위반에 대한 제재인 경찰벌과 구별되며, 경찰벌과 병과해서 행할 수 있고, 의무이행될 때까지 반복적으로 부과하는 것도 가능하다.

꼭! 알아야 하는 기출 문제, Review

01
21 채용1차

경찰상 강제집행 및 그 수단에 대한 설명으로 가장 적절하지 않은 것은?

① 경찰상 강제집행은 경찰하명에 의한 의무의 존재 및 그 불이행을 전제로 한다는 점에서 의무불이행을 전제로 하지 않는 경찰상 즉시강제와 구별된다.
② 경찰상 강제집행은 장래에 향하여 의무이행을 강제한다는 점에서 과거의 의무위반에 대한 제재인 경찰벌과 구별된다.
③ 강제징수란 의무자가 관련 법령상의 대체적 작위의무를 이행하지 않을 경우, 당해 경찰관청이 스스로 행하거나 또는 제3자로 하여금 의무자가 하여야 할 행위를 하게 함으로써 의무의 이행이 있는 것과 같은 상태를 실현시킨 후 그 비용을 의무자로부터 징수하는 것이다.
④ 대집행의 근거가 되는 일반법으로는 행정대집행법이 있다.

THEME 16 즉시강제

15. 즉시강제

의의 목전의 급박한 장애를 제거하기 위하여 ㉠ 미리 의무를 명할 시간적 여유가 없거나 ㉡ 성질상 의무를 미리 명할 수 없는 경우에 즉시 국민의 신체·재산에 실력을 가하는 것

근거 일반법인 경찰관직무집행법, 개별법으로 식품위생법, 소방기본법 등

행정기본법 제33조(즉시강제)

① 즉시강제는 다른 수단으로는 행정목적을 달성할 수 없는 경우에만 허용되며, 이 경우에도 최소한으로만 실시하여야 한다.
② 즉시강제를 실시하기 위하여 현장에 파견되는 집행책임자는 그가 집행책임자임을 표시하는 증표를 보여 주어야 하며, 즉시강제의 이유와 내용을 고지하여야 한다.
③ 제2항에도 불구하고 집행책임자는 즉시강제를 하려는 재산의 소유자 또는 점유자를 알 수 없거나 현장에서 그 소재를 즉시 확인하기 어려운 경우에는 즉시강제를 실시한 후 집행책임자의 이름 및 그 이유와 내용을 고지할 수 있다. 다만, 다음 각 호에 해당하는 경우에는 게시판이나 인터넷 홈페이지에 게시하는 등 적절한 방법에 의한 공고로써 고지를 갈음할 수 있다.
  1. 즉시강제를 실시한 후에도 재산의 소유자 또는 점유자를 알 수 없는 경우
  2. 재산의 소유자 또는 점유자가 국외에 거주하거나 행방을 알 수 없는 경우
  3. 그 밖에 대통령령으로 정하는 불가피한 사유로 고지할 수 없는 경우

수단

대인적 즉시강제	감염병환자의 즉각적인 강제격리, 불심검문(임의적 수단이라는 견해 있음), 보호조치, 위험발생 방지조치, 범죄의 예방·제지, 무기 사용, 경찰장구 사용, 분사기 사용 등
대물적 즉시강제	임시 영치, 위험발생 조치 등
대가택적 즉시강제	위험방지를 위한 가택출입·검색 등

꼭! 알아야 하는 핵심 문장, OX

01 22 채용1차

「국세징수법」제24조 강제징수는 행정상 즉시강제에 해당한다.

O/X

02 19 경채

위법한 즉시강제에 의해 수인한도를 넘는 특별한 희생을 받은 경우 손실보상 청구가 가능하며, 이러한 내용은 개정된 「경찰관 직무집행법」제11조의2에서 명시적으로 규정하고 있다.

O/X

꼭! 알아야 하는 핵심 문장, 키워드

01 22 채용1차

경찰관직무집행법 제6조 범죄의 예방을 위한 제지는 행정상 _____에 해당한다.

02 19 경채

즉시강제는 직접 개인의 신체·재산에 실력을 행사하여 행정상 필요한 상태를 실현한다는 점에서 직접강제와 유사하나, _____을 전제로 하지 않는다는 점에서 차이가 있다.

꼭! 알아야 하는 기출 문제, Review

01 22 채용1차

행정상 즉시강제에 해당하는 것을 모두 고른 것은? (다툼이 있는 경우 판례에 의함)

㉠ 경찰관직무집행법 제6조 범죄의 예방을 위한 제지
㉡ 경찰관직무집행법 제4조 제1항 제1호에서 규정하는 술에 취한 상태로 인하여 자기 또는 타인의 생명·신체와 재산에 위해를 미칠 우려가 있는 피구호자에 대한 보호조치
㉢ 행정대집행법 제2조 대집행
㉣ 국세징수법 제24조 강제징수

① ㉠, ㉢   ② ㉡, ㉢
③ ㉠, ㉡   ④ ㉡, ㉣

3단원 : 경찰행정법

THEME 17 불심검문

03. 불심검문

제3조(불심검문)

① 경찰관은 다음 각 호의 어느 하나에 해당하는 사람을 정지시켜 질문할 수 있다.
1. 수상한 행동이나 그 밖의 주위 사정을 합리적으로 판단하여 볼 때 어떠한 죄를 범하였거나 범하려 하고 있다고 의심할 만한 상당한 이유가 있는 사람
2. 이미 행하여진 범죄나 행하여지려고 하는 범죄행위에 관한 사실을 안다고 인정되는 사람

② 경찰관은 제1항에 따라 같은 항 각 호의 사람을 정지시킨 장소에서 질문을 하는 것이 그 사람에게 불리하거나 교통에 방해가 된다고 인정될 때에는 질문을 하기 위하여 가까운 경찰서·지구대·파출소 또는 출장소(지방해양경찰관서를 포함하며, 이하 "경찰관서"라 한다)로 동행할 것을 요구할 수 있다. 이 경우 동행을 요구받은 사람은 그 요구를 거절할 수 있다(명문규정).

③ 경찰관은 제1항 각 호의 어느 하나에 해당하는 사람에게 질문을 할 때에 그 사람이 흉기(일반물품 ×)를 가지고 있는지를 조사할 수 있다(의무적 ×).

④ 경찰관은 제1항이나 제2항에 따라 질문을 하거나 동행을 요구할 경우 자신의 신분을 표시하는 증표를 제시하면서 소속과 성명을 밝히고 질문이나 동행의 목적과 이유를 설명하여야 하며, 동행을 요구하는 경우에는 동행 장소를 밝혀야 한다.

⑤ 경찰관은 제2항에 따라 동행한 사람의 가족이나 친지 등에게 동행한 경찰관의 신분, 동행 장소, 동행 목적과 이유를 알리거나 본인으로 하여금 즉시 연락할 수 있는 기회를 주어야 하며, 변호인의 도움을 받을 권리가 있음을 알려야 한다

⑥ 경찰관은 제2항에 따라 동행한 사람을 6시간을 초과하여 경찰관서에 머물게 할 수 없다.

⑦ 제1항부터 제3항까지의 규정에 따라 질문을 받거나 동행을 요구받은 사람은 형사소송에 관한 법률에 따르지 아니하고는 신체를 구속당하지 아니하며, 그 의사에 반하여 답변을 강요당하지 아니한다.(진술거부권 고지 ×).

꼭! 알아야 하는 핵심 문장, OX

01 17 경간

경찰관 직무집행법상 불심검문 시 경찰관은 동행한 사람의 가족이나 친지 등에게 동행한 경찰관의 신분, 동행 장소, 동행 목적과 이유를 알리거나 본인으로 하여금 즉시 연락할 수 있는 기회를 주어야 하지만, 변호인의 도움을 받을 권리가 있음을 알릴 필요는 없다.

O/X

02 22 경간

경찰관 직무집행법상 불심검문시 경찰관은 질문을 하거나 동행을 요구할 경우 자신의 신분을 표시하는 증표를 제시하면서 소속과 성명을 밝히고 질문이나 동행의 목적과 이유를 설명할 수 있으며, 동행을 요구하는 경우에는 동행 장소를 밝힐 수 있다.

O/X

꼭! 알아야 하는 핵심 문장, 키워드

01 17 경간

경찰관은 불심검문 시 거동불심자를 정지시킨 장소에서 질문하는 것이 그 사람에게 불리하거나 _____에 방해가 된다고 인정될 때에는 질문을 하기 위하여 가까운 경찰관서로 동행할 것을 요구할 수 있다.

02 17 경간

경찰관 직무집행법상 불심검문시 경찰관은 거동불심자를 정지시켜 질문을 할 때에 그 사람이 _____를 가지고 있는지 여부를 조사할 수 있다.

꼭! 알아야 하는 기출 문제, Review

01 17 경간

경찰관 직무집행법상 불심검문에 대한 다음 설명 중 옳지 않은 것은 모두 몇 개인가?

> ㉠ 경찰관은 거동불심자를 정지시켜 질문을 할 때에 그 사람이 흉기를 가지고 있는지 여부를 조사할 수 있다.
> ㉡ 경찰관은 거동불심자를 정지시켜 질문을 할 때에 미리 진술거부권이 있음을 상대방에게 고지하여야 한다.
> ㉢ 경찰관은 불심검문 시 거동불심자를 정지시킨 장소에서 질문하는 것이 그 사람에게 불리하거나 교통에 방해가 된다고 인정될 때에는 질문을 하기 위하여 가까운 경찰관서로 동행할 것을 요구할 수 있다.
> ㉣ 거동불심자에 대한 동행요구 시 당해인은 그 요구를 거절할 수 있으나, 이러한 내용이 경찰관 직무집행법에 규정되어 있는 것은 아니다.
> ㉤ 경찰관은 동행한 사람의 가족이나 친지 등에게 동행한 경찰관의 신분, 동행 장소, 동행 목적과 이유를 알리거나 본인으로 하여금 즉시 연락할 수 있는 기회를 주어야 하지만, 변호인의 도움을 받을 권리가 있음을 알릴 필요는 없다.

① 0개 ② 1개 ③ 2개 ④ 3개

THEME 18 보호조치

04. 보호조치

제4조(보호조치 등)

① 경찰관은 수상한 행동이나 그 밖의 주위 사정을 합리적으로 판단해 볼 때 다음 각 호의 어느 하나에 해당하는 것이 **명백하고 응급구호가 필요하다고 믿을 만한 상당한 이유**가 있는 사람(이하 "구호대상자"라 한다)을 발견하였을 때에는 보건의료기관이나 공공구호기관에 긴급구호를 요청하거나 경찰관서에 보호하는 등 적절한 조치를 **할 수 있다**(해야 한다 ×).

대상자	· 강제 : 정신착란자, 주취자, 자살시도자 (24시간) · 임의 : 미아, 병자, 부상자
방법	· 경찰관서 : 24시간 초과 금지 · 보건의료기관, 공공구호기관 긴급구호 거절 금지(거절시 처벌규정은 응급의료에 관한 법률)
임시영치	· 무기, 흉기는 10일간
사후조치	· 지체없이 연고자 통지 · 연고자 미발견시 : 보건의료기관, 공공구호기관에 즉시 인계 → 경찰서장에 보고 → 서장(경찰관×)이 보건의료기관, 공공구호기관, 그 감독청에 통보 (의무적)

💡 **폴리 암기 TIP**
강제로 정주자 24시간 동안 / 임시영(10)치

꼭! 알아야 하는 핵심 문장, 키워드

01 23 승진

경찰관 직무집행법 제4조(보호조치 등)에 따라 경찰관이 보호조치 등을 하였을 때에는 _____ 구호대상자의 가족, 친지 또는 그 밖의 연고자에게 그 사실을 알려야 하며

02 23 경간

「경찰관 직무집행법」에서 규정하는 술에 취한 상태로 인하여 자기 또는 타인의 생명·신체와 재산에 위해를 미칠 우려가 있는 피구호자에 대한 보호조치는 경찰 행정상 _____ 에 해당한다.

꼭! 알아야 하는 핵심 문장, OX

01 23 승진

경찰관 직무집행법 제4조 보호조치 시 구호대상자를 경찰관서에서 보호하는 기간은 12시간을 초과할 수 없고, 물건을 경찰관서에 임시로 영치하는 기간은 10일을 초과할 수 없다.

O/X

02 20 경간

경찰관은 자살을 시도하는 것이 명백하고 응급구호가 필요하다고 믿을 만한 상당한 이유가 있는 구호대상자에 대하여 해당 구호대상자의 동의가 있어야 보호조치를 실시 할 수 있다.

O/X

꼭! 알아야 하는 기출 문제, Review

01 23 승진

경찰관 직무집행법 제4조(보호조치 등)에 관한 설명으로 괄호 안의 내용을 가장 적절하게 연결한 것은?

> 경찰관이 보호조치 등을 하였을 때에는 (㉠) 구호대상자의 가족, 친지 또는 그 밖의 연고자에게 그 사실을 알려야 하며, 연고자가 발견되지 아니할 때에는 구호대상자를 적당한 공공보건의료기관이나 공공구호기관에 즉시 인계하여야 한다. 구호대상자를 경찰관서에서 보호하는 기간은 (㉡)시간을 초과할 수 없고, 물건을 경찰관서에 임시로 영치하는 기간은 (㉢)일을 초과할 수 없다.

① ㉠ 24시간 이내에 ㉡ 12 ㉢ 20
② ㉠ 지체없이 ㉡ 24 ㉢ 10
③ ㉠ 24시간 이내에 ㉡ 24 ㉢ 10
④ ㉠ 지체없이 ㉡ 12 ㉢ 20

THEME 19 위해성 경찰장비 사용기준

15. 위해성 경찰장비 사용기준(대통령령)

경찰장비의 종류

무기	권총, 유탄발사기, 도검 (다목적발사기 ×, 가스발사총 ×)
장구	경찰봉, 호신용경봉, 포승, 수갑, 방패, 전자방패, 전자충격기
분사기·최루탄	근접분사기, 가스분사기, 가스발사총(고무탄겸용 포함), 최루탄(발사장치 포함)
기타	가스차, 살수차, 특수진압차, 물포, 석궁, 도주차량차단장비, 다목적발사기 ※ 다목적발사기는 고무탄 등 발사 가능

폴리 암기 TIP
장구가 많아서 봉포수 방전 / 차에 물석도다

15-1. 위해성 경찰장비 사용기준

수갑·포승 호송용포승	· 체포·구속 영장집행, 호송 수용하기 위해 사용할 수 있다. · 범인·술에 취한 사람·정신착란자의 자살·자해 방지목적 사용시 → 관서장에 보고
경찰봉	불법집회·시위, 자타 생명·신체, 재산·공공시설 위험 방지
전자충격기	14세 미만, 얼굴, 임산부에 사용 금지
전자방패	14세 미만, 임산부 사용 금지
권총·소총	총기·폭발물로 대항하는 경우를 제외하고 14세 미만, 임산부 금지(얼굴 ×)
가스 발사총	· 범인체포, 도주방지, 자·다·생·신 방어, 항거제지 · 1m 이내 얼굴 금지 (14세 미만, 임산부 ×)
발사 각도	최루탄발사기 : 30도 이상, 최루탄발사대 : 15도 이상 발사각

꼭! 알아야 하는 핵심 문장, OX

01   19 경간, 17년 채용1차

위해성 경찰장비의 사용기준 등에 관한 규정에서 분사기·최루탄 등에는 근접분사기·가스분사기·가스발사총(고무탄 발사겸용을 제외) 및 최루탄(그 발사장치를 포함)이 있다.

O/X

02   18 경위

위해성 경찰장비의 사용기준 등에 관한 규정에서 무기에는 산탄총, 유탄발사기, 3인치포, 전자충격기, 폭발류 및 도검을 포함한다.

O/X

꼭! 알아야 하는 핵심 문장, 키워드

01   19 경간, 17년 채용1차

위해성 경찰장비의 사용기준 등에 관한 규정에서 경찰관은 범인의 체포 또는 도주방지, 타인 또는 경찰관의 생명·신체에 대한 방호, 공무집행에 대한 항거의 억제를 위하여 필요한 때에는 최소한의 범위 안에서 가스발사총을 사용할 수 있다. 이 경우 경찰관은 _____ 미터 이내의 거리에서 상대방의 얼굴을 향하여 이를 발사하여서는 아니 된다.

02   21 승진

위해성 경찰장비의 사용기준 등에 관한 규정에서 경찰청장은 위해성 경찰장비를 새로 도입하려는 경우에는 신규 도입 장비에 대한 안전성 검사를 실시한 후 _____ 개월 이내에 안전성 검사 결과보고서를 국회 소관 상임위원회에 제출하여야 한다.

꼭! 알아야 하는 기출 문제, Review

01   19 경간, 17년 채용1차

「위해성 경찰장비의 사용기준 등에 관한 규정」에 대한 설명 중 가장 옳은 것은?

① 경찰관은 최루탄발사기로 최루탄을 발사하는 경우 15도 이상의 발사각을 유지하여야 하고, 가스차·살수차 또는 특수진압차의 최루탄발사대로 최루탄을 발사하는 경우에는 30도 이상의 발사각을 유지하여야 한다.
② 경찰관은 14세 이하의 자 또는 임산부에 대하여 전자충격기 또는 전자방패를 사용하여서는 아니 된다.
③ 분사기·최루탄 등에는 근접분사기·가스분사기·가스발사총(고무탄 발사겸용을 제외) 및 최루탄(그 발사장치를 포함)이 있다.
④ 경찰관은 범인의 체포 또는 도주방지, 타인 또는 경찰관의 생명·신체에 대한 방호, 공무집행에 대한 항거의 억제를 위하여 필요한 때에는 최소한의 범위 안에서 가스발사총을 사용할 수 있다. 이 경우 경찰관은 1미터 이내의 거리에서 상대방의 얼굴을 향하여 이를 발사하여서는 아니 된다.

THEME 20 손실보상

경찰관 직무집행법 제11조의 2(손실보상)

① 국가는 경찰관의 적법한 직무집행으로 인하여 다음 각 호의 어느 하나에 해당하는 손실을 입은 자에 대하여 정당한 보상을 하여야 한다
  1. 손실발생의 원인에 대하여 책임이 없는 자가 생명·신체 또는 재산 상의 손실을 입은 경우(손실발생의 원인에 대하여 책임이 없는 자가 경찰관의 직무집행에 자발적으로 협조하거나 물건을 제공하여 생명·신체 또는 재산상의 손실을 입은 경우를 포함한다)
  2. 손실발생의 원인에 대하여 책임이 있는 자가 자신의 책임에 상응하는 정도를 초과하는 생명·신체 또는 재산상의 손실을 입은 경우
② 제1항에 따른 보상을 청구할 수 있는 권리는 손실이 있음을 안 날부터 3년, 손실이 발생한 날부터 5년간 행사하지 아니하면 시효의 완성으로 소멸한다.
③ 손실보상신청 사건을 심의하기 위하여 손실보상심의위원회를 둔다.
④ 경찰청장, 해양경찰청장, 시·도경찰청장 또는 지방해양경찰청장은 제3항의 손실보상심의위원회의 심의·의결에 따라 보상금을 지급하고, 거짓 또는 부정한 방법으로 보상금을 받은 사람에 대하여는 해당 보상금을 환수하여야 한다. <20·21·22채용>
⑤ 보상금이 지급된 경우 손실보상심의위원회는 대통령령으로 정하는 바에 따라 국가경찰위원회 또는 해양경찰위원회에 심사자료와 결과를 보고하여야 한다. 이 경우 국가경찰위원회 또는 해양경찰위원회는 손실보상의 적법성 및 적정성 확인을 위하여 필요한 자료의 제출을 요구할 수 있다.
⑥ 경찰청장, 해양경찰청장, 시·도경찰청장 또는 지방해양경찰청장은 제4항에 따라 보상금을 반환하여야 할 사람이 대통령령으로 정한 기한까지 그 금액을 납부하지 아니한 때에는 국세강제징수의 예에 따라 징수할 수 있다.

21. 손실보상심의위원회와 보상금심사위원회 비교

	손실보상심의위원회	(공로)보상금심사위원회
소속	경찰청, 시·도청 (경찰서 ×)	경찰청, 시·도청, 경찰서
구성	5~7인	5인 이내
위원장	호선	경찰청장/시·도청장/경찰서장이 소속 과장급 이상 경찰공무원 중에서 임명
위원	민간위원 임기 2년	경찰청장/시·도청장/경찰서장이 소속 경찰공무원 중에서 임명 (민간위원 없이 경찰관 위원으로만 구성)
의결	재적 과반수 출석, 출과찬	재적 과반수 찬성 (공제회×)

꼭! 알아야 하는 핵심 문장, OX

01 22 채용1차
손실보상을 청구할 수 있는 권리는 손실이 있음을 안 날부터 5년, 손실이 발생한 날부터 3년간 행사하지 아니하면 시효의 완성으로 소멸한다. O/X

02 20 경채
「경찰관직무집행법」과 동법 시행령상 손실보상에서 보상금은 다른 법률에 특별한 규정이 있는 경우를 제외하고는 현금으로 지급하여야 하며, 또한 보상금의 추가 지급을 원활히 하기 위해 분할하여 지급하는 것을 원칙으로 한다. O/X

꼭! 알아야 하는 핵심 문장, 키워드

01 22 채용1차
소속 경찰공무원의 직무집행으로 인하여 발생한 손실보상청구사건을 심의하기 위하여 경찰청, 해양경찰청, 시·도경찰청 및 지방해양경찰청에 _____를 설치한다.

02 19 경간
「경찰관직무집행법」과 동법 시행령상 손실보상에서 손실보상심의위원회는 위원장 1명을 포함한 ____명 이상 ____명 이하의 위원으로 구성한다. 이 경우 위원의 과반수 이상은 경찰공무원이 아닌 사람으로 하여야 한다.

꼭! 알아야 하는 기출 문제, Review

01 22 채용1차
「경찰관직무집행법」 및 동법 시행령상 손실보상에 관한 내용 중 가장 적절하지 않은 것은?

① 소속 경찰공무원의 직무집행으로 인하여 발생한 손실보상청구사건을 심의하기 위하여 경찰청, 해양경찰청, 시·도경찰청 및 지방해양경찰청에 손실보상심의위원회를 설치한다.
② 손실보상을 청구할 수 있는 권리는 손실이 있음을 안 날부터 3년, 손실이 발생한 날부터 5년간 행사하지 아니하면 시효의 완성으로 소멸한다.
③ 손실보상금 지급 청구서를 받은 경찰청장등은 손실보상심의위원회의 심의·의결에 따라 손실보상 여부 및 손실보상금액을 결정하되 손실보상 청구가 요건과 절차를 갖추지 못한 경우(다만, 그 잘못된 부분을 시정할 수 있는 경우는 제외한다) 그 청구를 기각하는 결정을 하여야 한다.
④ 손실보상금은 일시불로 지급하되, 예산 부족 등의 사유로 일시금으로 지급할 수 없는 특별한 사정이 있는 경우에는 청구인의 동의를 받아 분할하여 지급할 수 있다.

3단원 : 경찰행정법

THEME 21 행정지도

03. 행정지도(행정절차법)

제48조(행정지도의 원칙)
① 행정지도는 그 목적 달성에 필요한 최소한도에 그쳐야 하며, 행정지도의 상대방의 의사에 반하여 부당하게 강요하여서는 아니 된다.
② 행정기관은 행정지도의 상대방이 행정지도에 따르지 아니하였다는 것을 이유로 불이익한 조치를 하여서는 아니 된다.

제49조(행정지도의 방식)
① 행정지도를 하는 자는 그 상대방에게 그 행정지도의 취지 및 내용과 신분을 밝혀야 한다.
② 행정지도가 말로 이루어지는 경우에 상대방이 제1항의 사항을 적은 서면의 교부를 요구하면 그 행정지도를 하는 자는 직무 수행에 특별한 지장이 없으면 이를 교부하여야 한다.

제50조(의견제출)
행정지도의 상대방은 해당 행정지도의 방식·내용 등에 관하여 행정기관에 의견제출을 할 수 있다.

제51조(다수인을 대상으로 하는 행정지도)
행정기관이 같은 행정목적을 실현하기 위하여 많은 상대방에게 행정지도를 하려는 경우에는 특별한 사정이 없으면 행정지도에 공통적인 내용이 되는 사항을 공표하여야 한다.

꼭! 알아야 하는 핵심 문장, 키워드

01   19 채용1차

_____는 행정기관이 그 소관 사무의 범위에서 일정한 행정목적을 실현하기 위하여 특정인에게 일정한 행위를 하거나 하지 아니하도록 지도, 권고, 조언 등을 하는 행정작용을 말한다.

02   22 채용1차

행정지도는 그 목적 달성에 필요한 _____한도에 그쳐야 하며, 행정지도의 상대방의 의사에 반하여 부당하게 강요하여서는 아니 된다.

꼭! 알아야 하는 핵심 문장, OX

01   22 채용1차

행정기관은 행정지도의 상대방이 행정지도에 따르지 아니하였다는 것을 이유로 불이익한 조치를 할 수 있다.　　　　O/X

02   19 승진

행정지도를 하는 자는 그 상대방에게 그 행정지도의 취지 및 내용과 신분을 밝힐 수 있으며, 행정지도의 상대방은 해당 행정지도의 방식·내용 등에 관하여 행정기관에 의견제출을 할 수 있다.　　　　O/X

꼭! 알아야 하는 기출 문제, Review

01   22 채용1차

행정절차법상 행정지도에 관한 설명 중 가장 적절하지 않은 것은?

① 행정지도는 그 목적 달성에 필요한 최소한도에 그쳐야 하며, 행정지도의 상대방의 의사에 반하여 부당하게 강요하여서는 아니 된다.
② 행정기관은 행정지도의 상대방이 행정지도에 따르지 아니하였다는 것을 이유로 불이익한 조치를 하여서는 아니 된다.
③ 행정지도가 말로 이루어지는 경우에 상대방이 행정지도의 취지 및 내용과 신분의 사항을 적은 서면의 교부를 요구하면 그 행정지도를 하는 자는 직무 수행에 특별한 지장이 없으면 이를 교부하여야 한다.
④ 행정지도의 상대방은 해당 행정지도의 방식·내용 등에 관하여 행정기관에 의견제출을 할 수 없다.

THEME 22 행정심판의 재결

05. 행정심판의 종류

- **취소심판**: 행정청의 위법 또는 부당한 처분을 취소, 변경하는 행정심판
- **무효등확인심판**: 행정청의 처분의 효력 유무 또는 존재 여부를 확인하는 행정심판
- **의무이행심판**: 당사자의 신청에 대한 행정청의 위법 또는 부당한 거부처분이나 부작위에 대하여 일정한 처분을 하도록 하는 행정심판

08. 행정심판의 재결

재결기간	심판청구서를 받은 날부터 60일 이내, 30일 연장 가능
재결 종류	**각하재결** · 심판청구가 부적법 · 요건 흠결 등의 이유로 본안 심리를 거절
	기각재결 · 심판청구가 이유가 없다. · 본안심리 이후 이를 배척하는 재결
	인용재결 심판청구가 이유가 있다고 인정
	사정재결 (제44조) · 심판청구가 이유가 있는 경우에, 공공복리에 크게 위배된다고 인정하면 그 심판청구를 기각 (인용재결 ×) · 재결주문에 그 처분 또는 부작위가 위법하다는 것을 명시 해야 한다. · 청구인에 대하여 상당한 구제방법을 취하거나 상당한 구제방법을 취할 것을 피청구인에게 명할 수 있다. · 무효등확인심판에는 적용하지 아니한다.

불복

1. 심판청구에 대한 재결이 있으면 그 재결 및 같은 처분 또는 부작위에 대하여 다시 행정심판을 청구할 수 없다. (제51조)
2. 기각된 행정심판의 재결을 대상으로 소송을 할 수는 없고, 원처분을 대상으로 행정소송을 제기하여야 한다.

꼭! 알아야 하는 핵심 문장, 키워드

01   22 채용2차

행정심판법상 사정재결은 _____재결의 일종이다.

02   23 채용1차

「행정심판법」상 재결은 서면으로 하고, 위원회는 심판청구가 이유가 없다고 인정하면 그 심판을 _____한다.

꼭! 알아야 하는 핵심 문장, OX

01   22 채용2차

행정심판법상 무효등확인심판에서는 사정재결을 할 수 있다.

O/X

02   23 채용1차

행정심판법상 재결의 기속력은 재결의 주문 및 그 전제가 된 요건사실의 인정과 판단, 즉 처분 등의 구체적 위법사유에 관한 판단에만 미친다고 할 것이고, 종전 처분이 재결에 의하여 취소되었다 하더라도 종전 처분시와는 다른 사유를 들어서 처분을 하는 것은 기속력에 저촉된다.

O/X

꼭! 알아야 하는 기출 문제, Review

01   22 채용2차

행정심판법상 사정재결에 관한 설명 중 가장 적절하지 않은 것은? (다툼이 있는 경우 판례에 의함)

① 사정재결은 인용재결의 일종이다.
② 무효등확인심판에서는 사정재결을 할 수 없다.
③ 사정재결을 하는 경우 반드시 재결주문에 그 처분 또는 부작위가 위법하다는 것을 명시해야 한다.
④ 사정재결 이후에도 행정심판의 대상인 처분 등의 효력은 유지된다.

3단원 : 경찰행정법

THEME 23 행정심판과 행정소송

10. 행정소송과 구별

	행정심판	행정소송
기관	행정심판위원회	법원
종류	·취소심판 ·무효등확인심판 ·의무이행심판(부작위, 거부)	·취소소송 ·무효등확인소송 ·부작위위법확인소송 ·당사자소송, 민중소송, 기관소송
심리	서면, 구술, 비공개원칙	구술, 공개원칙
대상	위법 + 부당	위법
거부처분	취소, 무효등, 의무이행	취소소송, 무효등확인소
적극적 변경	가능	불가
제기 기간	처분 있음을 안 날부터 90일, 있은 날부터 180일	·처분 있음을 안 날부터 90일 또는 처분이 있은 날부터 1년 이내 ·행정심판을 거친 경우는 재결서 정본 송달 받은 날부터 90일, 재결 있은 날부터 1년 이내
공통점	·불고불리의 원칙 ·집행부정지의 원칙 ·법률상 이익이 있는 경우에만 제기 가능 ·불이익변경금지 원칙 ·사정재결 및 사정판결 인정	

꼭! 알아야 하는 핵심 문장, 키워드

01

행정심판은 처분이 있었던 날부터 _____일이 지나면 청구하지 못한다. 다만, 정당한 사유가 있는 경우에는 그러하지 아니하다.

02   22 채용1차

행정소송법 상 항고소송 중 행정청의 처분 등의 효력 유무 또는 존재 여부를 확인하는 _____에 해당한다.

꼭! 알아야 하는 핵심 문장, OX

01

행정심판위원회는 심판청구가 이유가 있다고 인정하는 경우에도 이를 인용하는 것이 공공복리에 크게 위배된다고 인정하면 그 심판청구를 기각하는 재결을 할 수 없다.

O/X

02

취소심판의 경우와 달리 무효등확인심판과 의무이행심판의 경우에는 심판청구의 기간에 제한이 없다.

O/X

꼭! 알아야 하는 기출 문제, Review

01   보충

행정소송법 및 & 행정심판법에 대한 설명으로 옳지 않은 것은?

① 행정심판의 종류는 취소심판, 무효등확인심판, 부작위위법확인심판이 있다.
② 행정심판은 처분이 있었던 날부터 180일이 지나면 청구하지 못한다. 다만, 정당한 사유가 있는 경우에는 그러하지 아니하다.
③ 행정심판위원회는 심판청구가 이유가 있다고 인정하는 경우에도 이를 인용하는 것이 공공복리에 크게 위배된다고 인정하면 그 심판청구를 기각하는 재결을 할 수 있다.
④ 경찰서장에 대한 행정심판은 국민권익위원회에 두는 중앙행정심판위원회에서 심리·재결한다.

THEME 24 국가배상법

11. 국가배상법 2조 : 공무원의 직무상 불법행위의 경우

국가배상법 제2조(배상책임)

① 국가나 지방자치단체는 공무원 또는 공무를 위탁받은 사인(이하 "공무원"이라 한다)이 직무를 집행하면서 고의 또는 과실로 법령을 위반하여 타인에게 손해를 입히거나, 「자동차손해배상 보장법」에 따라 손해배상의 책임이 있을 때에는 이 법에 따라 그 손해를 배상하여야 한다. 다만, 군인·군무원·경찰 공무원 또는 예비군대원이 전투·훈련 등 직무 집행과 관련하여 전사(戰死)·순직(殉職)하거나 공상(公傷)을 입은 경우에 본인이나 그 유족이 다른 법령에 따라 재해보상금·유족연금·상이연금 등의 보상을 지급받을 수 있을 때에는 이 법 및 「민법」에 따른 손해배상을 청구할 수 없다.
② 제1항 본문의 경우에 공무원에게 고의 또는 중대한 과실이 있으면 국가나 지방자치단체는 그 공무원에게 구상(求償)할 수 있다.

제2조에 제3항을 다음과 같이 신설한다.
③ 제1항 단서에도 불구하고 전사하거나 순직한 군인·군무원·경찰공무원 또는 예비군대원의 유족은 자신의 정신적 고통에 대한 위자료를 청구할 수 있다.

12. 국가배상법 5조 : 공공시설물의 설치 관리의 하자

국가배상법 제5조(공공시설 등의 하자로 인한 책임)

① 도로·하천, 그 밖의 공공의 영조물(營造物)의 설치나 관리에 하자(瑕疵)가 있기 때문에 타인에게 손해를 발생하게 하였을 때에는 국가나 지방자치 단체는 그 손해를 배상하여야 한다. 이 경우 제2조제1항 단서, 제3조 및 제3 조의2를 준용한다.
② 제1항을 적용할 때 손해의 원인에 대하여 책임을 질 자가 따로 있으면 국가나 지방자치단체는 그 자에게 구상할 수 있다.

요건	공공 영조물이 존재할 것, 설치 관리의 하자가 있을 것, 하자와 손해 발생 사이에 상당한 인과 관계가 있을 것
특징	공무원의 고의 또는 과실 여부와 관계없이 책임을 짐

꼭! 알아야 하는 핵심 문장, OX

01
생명·신체의 침해로 인한 국가배상을 받을 권리는 양도하거나 압류할 수 있다. O/X

02 22 경간
시위진압 과정에서 가해공무원인 전투경찰이 특정되지 않으면 손해배상책임이 인정되지 않는다. O/X

꼭! 알아야 하는 핵심 문장, 키워드

01
국가배상법 제5조(공공시설 등의 하자로 인한 책임)에 의한 손해배상책임은 공무원의 고의 또는 과실을 요건으로 하지 않는 _____책임이다.

02 22 경간
「국가배상법」 제5조에 따라 도로나 하천은 물론 경찰견도 _____에 포함된다.

꼭! 알아야 하는 기출 문제, Review

01 보충
국가배상책임에 대한 설명으로 옳지 않은 것은?
① 국가배상법 제5조(공공시설 등의 하자로 인한 책임)에 의한 손해배상책임은 공무원의 고의 또는 과실을 요건으로 하지 않는 무과실책임이다.
② 경찰공무원이 전투·훈련 등 직무 집행과 관련하여 전사·순직하거나 공상을 입은 경우에 본인이나 그 유족이 다른 법령에 따라 재해보상금·유족연금·상이연금 등의 보상을 지급받을 수 있을 때에는 국가배상법 및 민법에 따른 손해배상을 청구할 수 없다.
③ 생명·신체의 침해로 인한 국가배상을 받을 권리는 양도하거나 압류하지 못한다.
④ 판례는 국가배상청구소송을 당사자소송으로 보아 행정소송으로 다루고 있다.

THEME 1 갑오개혁 및 광무개혁 당시 경찰제도

05. 경찰사

꼭! 알아야 하는 핵심 문장, OX

01 20 경간

갑오개혁 당시 「경무청관제직장」에 의해 당시의 좌우포도청을 합하여 경무청을 신설하고(장으로 경무사을 둠), 전국 일체의 경찰사무를 관장하게 하였다.

O/X

02 18 경채

한국경찰 최초의 작용법인 「경무청관제직장」에는 소방, 위생, 결사, 집회, 시장, 영업, 회사 등 광범위한 사무가 포함되었다.

O/X

꼭! 알아야 하는 핵심 문장, 키워드

01 20 경간

일본의 「행정경찰규칙」(1875년)과 「위경죄즉결례」(1885년)를 혼합하여 만든 「_____」에서 영업·시장·회사 및 소방·위생, 결사·집회, 신문잡지·도서 등 광범위한 영역의 사무가 포함되었다.

02 18 경채

경부경찰 체제의 관장 범위는 한성 및 각 개항시장의 경찰사무 및 감옥사무로 제한되었고, 지방에는 _____을 두어 관찰사를 보좌하도록 하였다.

꼭! 알아야 하는 기출 문제, Review

01 20 경간

갑오개혁 및 광무개혁 당시 경찰제도에 관한 설명 중 옳지 않은 것은 모두 몇 개인가?

> 가. 일본의 「행정경찰규칙」(1875년)과 「위경죄즉결례」(1885년)를 혼합하여 만든 「행정경찰장정」에서 영업·시장·회사 및 소방·위생, 결사·집회, 신문잡지·도서 등 광범위한 영역의 사무가 포함되었다.
> 나. 광무개혁 당시인 1900년에는 중앙관청으로서 경부(警部)가 한성 및 개항시장의 경찰업무와 감옥사무를 통할하였고, 이를 지휘하는 경부 감독소를 두었다.
> 다. 1895년 「내부관제」의 제정을 통해 내부대신의 경찰에 대한 지휘감독권을 정비하였고, 1896년 「지방경찰규칙」을 제정하여 지방경찰의 작용법적 근거를 마련하였다.
> 라. 「경무청관제직장」에 의해 당시의 좌우포도청을 합하여 경무청을 신설하고(장으로 경무관을 둠), 한성부 내 일체의 경찰사무를 관장하게 하였다.
> 마. 1900년 경부(警部) 신설 이후 잦은 대신 교체 등으로 문제가 많아 경무청이 경부의 업무를 관리하게 되었다.

① 1개 ② 2개 ③ 3개 ④ 4개

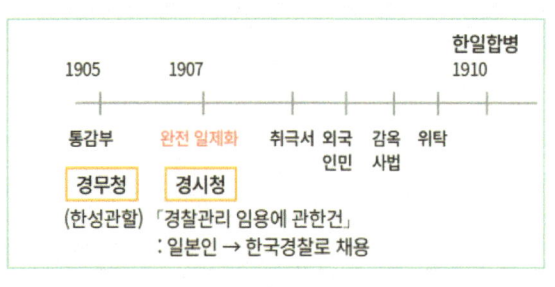

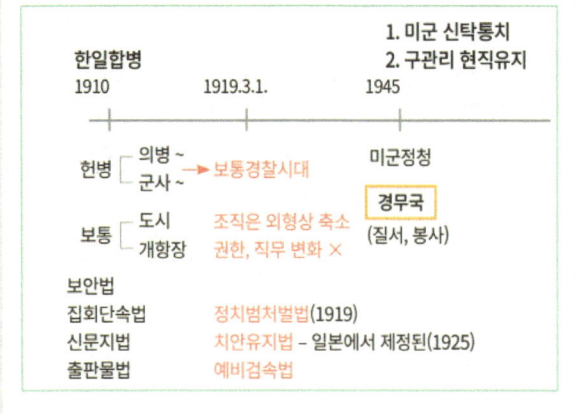

우리나라 경찰의 역사

연도	내용
1984	수도경찰 정비 경무청관제직장(조직법), 행정경찰장정(작용법)
1896	「지방경찰규칙」 제정. 지방경찰의 작용법적 근거
1907	보안법, 집회단속법, 출판법, 신문지법 제정
1919	정치범처벌법 시행(3·1 운동을 계기로 제정)
1925	치안유지법 시행(일본법을 가져온 유치한 법)
1941	예비검속법 시행(범죄 전 검거하여 구속)
1945	정치범처벌법, 치안유지법, 예비검속법 폐지
1946	최초 여성 경찰관 채용
1947	중앙경찰위원회(6인) 설치
1948	보안법 폐지(가장 먼저 제정, 가장 나중 폐지)
1949	경찰병원 설치
1953	해경 설치, 경직법 제정
1955	국립과학수사연구소 설립
1966	경찰관 해외주재관 신설
1969	경찰공무원법 제정
1974	치안본부 개편
1975	소방을 민방위본부로 이관
1991	경찰법 제정
1996	해경을 해양수산부로 이관
1999	청문감사관 신설
2000	사이버테러대응센터 신설
2006	제주도 자치경찰 출범

꼭! 알아야 하는 핵심 문장, 키워드

01 　　　　　　　　　　　　　　　　　19 경간

우리나라 경찰의 역사와 제도 중 경찰관 직무집행법은 _____년 설치되었다.

02 　　　　　　　　　　　　　　22 경간, 17 경감

우리나라 경찰의 역사와 제도 중 내무부 치안국을 치안본부로 개편은 _____년 이루어졌다.

꼭! 알아야 하는 핵심 문장, OX

01 　　　　　　　　　　　　　　　　　19 경간

우리나라 경찰의 역사와 제도 중 국립과학수사연구소는 1956년 설치되었다.　　　　　　　　　　　　　　　　　O/X

02 　　　　　　　　　　　　　　22 경간, 17 경감

우리나라 경찰의 역사와 제도 중 경찰공무원법은 1968년 제정되었다.　　　　　　　　　　　　　　　　　　O/X

꼭! 알아야 하는 기출 문제, Review

01 　　　　　　　　　　　　　　　　　19 경간

우리나라 경찰의 역사와 제도에 대한 설명이다. 시기가 올바르게 묶인 것은?

> 가. 1947년 경찰병원 설치
> 나. 1953년 경찰관 직무집행법 제정
> 다. 1956 국립과학수사연구소 설치
> 라. 1966년 경찰관 해외주재관 제도 신설
> 마. 1970년 경찰공무원법 제정
> 바. 1974년 내무부 치안국을 치안본부로 개편
> 사. 1996년 해양경찰청을 해양수산부로 이관
> 아. 2005년 제주도 자치경찰출범

① 가, 나, 사, 아　　② 가, 라, 마, 아
③ 나, 라, 바, 아　　④ 나, 라, 바, 사

THEME 3 자랑스러운 경찰의 표상

16. 경찰의 표상

김구	· 대한민국 임시정부의 초대 경무국장 ※ 2대: 김용원 · 1940년에 대한민국 임시정부 주석으로 선출
최규식 정종수	· 68년 김신조 등과 종로경찰서 자하문검문소에서 전투, 사망 · 호국경찰의 표상
차일혁 경무관	· 남부군 사령관 이현상을 사살, 지리산 빨치산 토벌의 주역 · 공비들의 근거지가 될 수 있는 사찰 불태우라는 상부 명령을 어기면서 지리산 화엄사 등 문화재 수호 · 호국경찰, 인권경찰, 문화경찰의 표상
안병하 치안감	· 전남 경찰국장으로서 5·18 광주 민주화 당시 과격 진압금지 · 비례의 원칙에 입각한 경찰권 행사와 시위대 인권보호 강조 · 민주·인권경찰의 표상
이준규 총경	· 5·18 당시 목포경찰서장으로서 경찰 총기의 방아쇠뭉치를 사전에 제거하는 등 유혈충돌
안맥결 총경	· 안창호 선생의 조카 딸로서 독립운동가 출신 여성 경찰관 · 서울여자경찰서장, 국립경찰전문학교 교수 역임
문형순 경감	· 모슬포서장으로서, 제주 4·3 사건 때 좌익 명단에 오른 100명의 주민을 자수시킨 뒤 훈방하여 처형을 막음 · 성산포서장, 1950.8. 계엄군의 예비검속자 처형 명령에 "부당으로 불이행"이라며 거부하고 278명 방면 · 독립운동가 출신: 최천, 문형순, 안맥결(최순결)
최중락 총경	· MBC 수사반장의 실제모델로서, 1,300명의 범인 검거 · 수사경찰의 표상
김학재 경사	· 1998. 5. 강도강간범 체포현장에서 칼에 피습당하면서도 범인 검거 후 순직

💡 **폴리 암기 TIP**
허니문 제주로 최순결 /

꼭! 알아야 하는 핵심 문장, OX

01   20·23 채용

안맥결 총경은 성산포경찰서장 재직 시 계엄군의 예비검속자 총살 명령에 '부당함으로 불이행'한다고 거부하고 주민들을 방면하였다.

O/X

02   21 승진

이준규 총경은 1957년 국립경찰전문학교 교수로 발령받아 후배 경찰교육에 힘쓰다 1961년 5·16군사정변이 일어나자 군사정권에 협력할 수 없다며 사표를 제출하였다.

O/X

꼭! 알아야 하는 핵심 문장, 키워드

01   20·23 채용

_____치안감은 5·18 광주 민주화운동 당시 무장 강경진압 방침이 내려오자 '분산되는 자는 너무 추적하지 말 것, 부상자가 발생하지 않도록 할 것' 등을 지시하여 비례의 원칙에 입각한 경찰권 행사 및 인권보호를 강조함.

02   21 경간

_____경무관은 빨치산 토벌의 주역이며 구례 화엄사 등 문화재를 수호한 인물로 '보관문화훈장'을 수여받은 호국경찰의 영웅이자 인본경찰·인권경찰·문화경찰의 표상이다.

꼭! 알아야 하는 기출 문제, Review

01   20·23 채용

다음은 자랑스러운 경찰의 표상에 대한 서술이다. 해당 인물을 바르게 나열한 것은?

> ㉠ 성산포경찰서장 재직 시 계엄군의 예비검속자 총살 명령에 '부당함으로 불이행'한다고 거부하고 주민들을 방면함
> ㉡ 5·18 광주 민주화운동 당시 무장 강경진압 방침이 내려오자 '분산되는 자는 너무 추적하지 말 것, 부상자가 발생하지 않도록 할 것' 등을 지시하여 비례의 원칙에 입각한 경찰권 행사 및 인권보호를 강조함
> ㉢ 임시정부 경호국 경호원 및 의경대원으로 활동하였고 1926년 12월 식민수탈의 심장인 식산은행과 동양척식회사에 폭탄을 투척함.
> ㉣ 구례경찰서장 재임 당시, 재판을 받지 않고 수감된 보도연맹원 480명을 방면하였으며, '내가 만일 반역으로 몰려 죽는다면 나의 혼이 여러분 각자의 가슴에 들어가 지킬 것이니 새 사람이 되어주십시오'라고 당부함.

	㉠	㉡	㉢	㉣
①	문형순	안병하	차일혁	안종삼
②	이준규	최규식	안맥결	나석주
③	문형순	안병하	나석주	안종삼
④	이준규	최규식	정종수	나석주

THEME 4 영국의 경찰제도

03. 로버트 필의 12가지 경찰개혁안

1. 경찰은 안정되고 능률적이며 군대식으로 조직화
2. 경찰은 정부의 통제 필요 (최초 수도경찰은 국가경찰)
3. 경찰의 능률성은 범죄의 부재로 증명
   ※ 경찰의 기본적인 임무는 범죄에 대한 신속한 대응 (×)
4. 범죄 소식은 반드시 전파 필요(보안유지×)
5. 시간과 지역에 따른 경찰력 배치가 필요
6. 가장 중요한 경찰관의 자질 : 자기감정 조절
7. 단정한 외모
8. 적임자 선발, 적절한 훈련이 능률성의 근간
9. 모든 경찰관에 식별 번호 부여
10. 경찰본부는 시내중심지에 위치(시민의 접근편의성 고려)
11. 신임경찰은 시보기간 후 채용
12. 경찰 기록 유지(차후 경찰력 배치의 기준)

04. 로버트 필의 9가지 경찰 활동원칙

1. 진압이나 처벌보다는 범죄와 무질서 사전 예방을 위해 노력해야 한다.
2. 경찰이 임무를 수행하는 힘은 시민의 존중과 인정으로부터 나온다.
3. 시민의 존중과 인정은 경찰 업무에 시민의 협력을 확보하는 것이다.
4. 시민의 협력은 강제력과 물리력 사용의 필요성을 줄인다.
5. 시민의 협력은 공정한 법집행, 중립적 정책 수행, 차별없이 시민을 대우, 예의와 유머를 유지, 경찰관 자신의 희생으로 얻을 수 있다.
6. 경찰 물리력은 시민의 자발적 협력이 충분하지 못한 상황에서만 사용하여야 하고, 필요 최소한으로 행사되어야 한다.
7. 경찰이 시민이고 시민이 경찰이다. 경찰은 모든 시민에게 봉사하는 임무로 보수를 받는 시민의 구성원일 뿐이다.
8. 경찰은 유·무죄를 판단하고 처벌하는 사법부처럼 보여서는 안 된다.
9. 경찰의 효율성은 진압이 아닌 범죄와 무질서의 부재로 인정된다.

꼭! 알아야 하는 핵심 문장, 키워드

01   22 경간

로버트 필 경(Sir. Robert Peel)은 경찰은 안정되고 능률적이며, _____식으로 조직되어야 한다고 제시하였다.

02   20 채용1차

1829년 런던수도경찰청을 창설한 로버트 필 경(Sir Robert Peel)이 경찰조직을 운영하기 위하여 제시한 기본적인 원칙에서 경찰의 성공은 시민의 _____에 의존한다고 주장하였다.

꼭! 알아야 하는 핵심 문장, OX

01   22 경간

로버트 필 경(Sir. Robert Peel)은 경찰의 기본적인 임무는 범죄에 대한 신속한 대응이다고 강조하였다.

O/X

02   23 경간

로버트 필 경(Sr. Robert Peel)이 경찰조직을 운영하기 위하여 제시한 기본적인 원칙(경찰개혁안 포함)에서 범죄발생 사항은 유출되어서는 안 된다고 강조하였다.

O/X

꼭! 알아야 하는 기출 문제, Review

01   22 경간

1829년 런던수도경찰청을 창설한 로버트 필 경(Sir. Robert Peel)이 경찰조직을 운영하기 위하여 제시한 기본적인 원칙에 해당하지 않는 것은?

① 경찰은 안정되고 능률적이며, 군대식으로 조직되어야 한다.
② 경찰의 기본적인 임무는 범죄와 무질서의 예방이다.
③ 모방범죄 예방을 위해 범죄정보는 유출되어서는 안 된다.
④ 적합한 경찰관들의 선발과 교육은 필수적인 것이다.

THEME 1 지역경찰관리

07. 지역경찰 관리(지역경찰의 조직 및 운영에 관한 규칙 - 경찰청 예규)

지역경찰관서 = 지구대 + 파출소 치안센터 ×
설치 및 폐지권자 : 시·도경찰청장

- **관리팀** : 관리팀, 순찰팀인원 수 : 경찰서장 결정
- **순찰팀** : 순찰팀 수 : 시·도경찰청장 결정
- **치안센터**
  - 출장소형
  - 직주일체형 — 원칙 : 경찰관 + 배우자 / 조력사례금 지급 ○
    - 근무기간 1년 이상
    - 근무종료후에도 관할구역내 위치
    - 단, 휴무일 제외
  - 검문소형

1. 설치 및 폐지권자 : 시·도경찰청장은 지역경찰관서장 소속하에 설치할 수 있다.
2. 24시간 상시운영 원칙(경찰서장 탄력적 조정가능)

조직
- 시·도경찰청장은 인구, 면적 등을 고려하여 경찰서의 관할구역을 나누어 지역경찰관서(지구대, 파출소)를 설치한다 (제4조①).
- 시·도경찰청장은 지역경찰관서장 소속 하에 치안센터를 설치할 수 있다(제10조①).
- 순찰팀의 수는 시·도경찰청장이 결정한다(제6조②).
- 관리팀 및 순찰팀의 인원은 경찰서장이 결정한다(제6조③)

근무형태 (제21조)
- 지역경찰관서장은 일근근무 원칙
- 관리팀은 일근근무 원칙.
- 순찰팀장 및 순찰팀원은 상시·교대근무 원칙. 시·도경찰청장이 근무교대 시간 및 휴게시간, 휴무횟수 등정한다.
- 치안센터 전담근무자의 근무형태 및 근무시간은 경찰서장이 정한다.

지역경찰 동원
지역경찰 동원은 근무자 동원을 원칙으로 하되, 불가피한 경우에 한하여 비번자 휴무자순으로 동원할 수 있다.

정원 관리
시·도경찰청장은 소속 지역경찰 정원 충원 현황을 연 2회 이상 점검, 현원이 정원에 미달할 경우 충원 대책 수립, 시행해야 함

교육
시·도경찰청장 및 경찰서장은 지역경찰의 올바른 직무수행 및 자질 향상을 위해 필요한 교육을 실시하여야 함
- 교육시간, 방법, 내용 등 지역경찰 교육과 관련된 세부적인 기준은 경찰청장(시·도청장 ×)이 따로 정한다.
- 주간근무시간에 별도시간을 지정하여 상시교육 실시가능, 신고 출동 지령시 상시교육 지역경찰은 최우선 출동요소로 지정

기록·보관
근무일지와 사용 종료한 근무수첩은 3년간 보관한다.

꼭! 알아야 하는 핵심 문장, OX

01 17 경간

지역 치안수요 및 인력여건 등을 고려하여 지역경찰관서의 관리팀 및 순찰팀의 인원은 시·도경찰청장이 결정하고, 순찰팀의 수는 경찰서장이 결정한다.

O/X

02 23 채용2차

경찰청장은 인구, 면적, 행정구역, 교통 지리적 여건, 각종 사건사고 발생 등을 고려하여 경찰서의 관할구역을 나누어 지역경찰관서를 설치한다.

O/X

꼭! 알아야 하는 핵심 문장, 키워드

01 17 경간

"_____"라 함은 국가경찰과 자치경찰의 조직 및 운영에 관한 법률 제30조 및 경찰청과 그 소속기관 직제 제43조에 규정된 지구대, 파출소를 말한다.

02 23 채용2차

_____은 지역경찰관서의 운영에 관하여 총괄 지휘·감독한다.

꼭! 알아야 하는 기출 문제, Review

01 17 경간

지역경찰 조직 및 운영에 관한 규칙에 대한 다음 설명 중 가장 옳은 것은?

① "지역경찰관서"라 함은 국가경찰과 자치경찰의 조직 및 운영에 관한 법률 제30조 및 경찰청과 그 소속기관 직제 제43조에 규정된 지구대, 파출소 및 치안센터를 말한다.
② 경찰서장은 인구, 면적, 행정구역, 교통·지리적 여건, 각종 사건사고 발생 등을 고려하여 경찰서의 관할구역을 나누어 지역경찰관서를 설치한다.
③ 지역 치안수요 및 인력여건 등을 고려하여 지역경찰관서의 관리팀 및 순찰팀의 인원은 시·도경찰청장이 결정하고, 순찰팀의 수는 경찰서장이 결정한다.
④ 경찰 중요 시책의 홍보 및 협력치안 활동은 지역경찰관서장의 직무로, 관내 중요 사건 발생 시 현장 지휘는 순찰팀장의 직무로 명시되어 있다.

경범죄 처벌법

18. 경범죄 처벌법

주요 내용

형법과 관계
- 형법의 보충법(형법이 우선 적용) (형법의 특별법 ×)
- 죄를 짓도록 시키거나(교사범) 도와준 사람은(방조범) 죄를 지은 사람(정범)에 준하여 벌한다(제4조).
- 미수범 처벌 ×
- 사람을 벌할 때에는 사정과 형편을 헤아려서 그 형을 면제하거나 구류와 과료를 함께 부과한다(제5조). (감면 ×, 감경 ×, 가중 ×)
  ※ 과태료는 감면 가능

제3조(경범죄의 종류)
① 10만원 이하 벌금, 구류, 과료: 대부분
② 20만원 이하 벌금, 구류, 과료: 4개
  ㉠ 업무방해, ㉡ 거짓광고, ㉢ 암표매매, ㉣ 출판물 부당게재
  주거불명인 경우에 한하여 현행범 체포 가능(형소법 제214조)
③ 60만원 이하 벌금, 구류, 과료 : 관공서 주취소란, 거짓신고
  ㉠ 범칙행위 대상 × 즉결심판 청구는 가능
  ㉡ 주거가 분명하더라도 현행범 체포 가능

통고처분권자 (제7조)	경찰서장(경찰청장 ×, 시·도청장 ×), 해양경찰서장, 제주특별자치도지사, 철도특별사법경찰대장
범칙금 납부절차	① 1차 납부기간: 10일 ② 2차 납부기간: 1차 만료 후 20일 내 20% 가산 ③ 50% 가산금을 즉심청구 전에 납부 시 즉심청구를 하지 않고, 즉심청구후 선고 전에 납부 시에는 즉심청구 취소하여야 한다(할 수 있다 ×). ④ 천재지변 사후 5일 내 납부 ⑤ 범칙금 납부자는 그 행위에 대하여 다시 벌 받지 아니한다.
납부방법	① 경찰청장(경찰서장 ×)·해양경찰청장 또는 철도특별사법경찰대장이 지정한 은행, 그 지점이나 대리점, 우체국 또는 제주특별자치도지사가 지정하는 금융기관이나 그 지점에 납부 ② 대통령령으로 정하는 범칙금 납부대행기관을 통하여 신용카드, 직불카드 등으로 낼 수 있다(분할 납부 ×).
즉결심판 청구권자 (제9조)	① 경찰서장, 해양경찰서장 및 제주특별자치도지사 ② 철도특별사법경찰대장은 즉결심판에 해당하는 사람(통고처분 제외자, 범칙금 미납자)이 있는 경우에는 즉시 관할 경찰서장 또는 해양경찰서장에게 그 사실을 통보하고 관련 서류를 넘겨야 한다.

꼭! 알아야 하는 핵심 문장, OX

01 23 승진

경범죄 처벌법에 따르면 경범죄를 짓도록 시키거나 도와준 사람은 죄를 지은 사람에 준하여 처벌하지 않는다.

O/X

02 18 경채

경범죄 처벌법에 따르면 거짓광고, 업무방해, 암표매매의 경우 10만원 이하의 벌금, 구류 또는 과료의 형으로 처벌한다.

O/X

꼭! 알아야 하는 핵심 문장, 키워드

01 23 승진

경범죄 처벌법에 따르면 음주소란, 지속적 괴롭힘, 거짓 인적사항을 사용한 사람은 ____만원 이하의 벌금, 구류 또는 과료의 형으로 처벌한다.

02 20 채용2차

경범죄 처벌법에 따르면 "_____"란 범칙행위를 한 사람으로서 '피해자가 있는 행위를 한 사람', '죄를 지은 동기나 수단 및 결과를 헤아려볼 때 구류처분을 하는 것이 적절하다고 인정되는 사람', '범칙행위를 상습적으로 하는 사람', '18세 미만인 사람'의 어느 하나에도 해당하지 않는 사람을 말한다.

꼭! 알아야 하는 기출 문제, Review

01 23 승진

경범죄 처벌법에 관한 설명 중 가장 적절하지 않은 것은?

① 경범죄를 짓도록 시키거나 도와준 사람은 죄를 지은 사람에 준하여 처벌한다.
② 범칙행위를 상습적으로 하는 사람은 범칙자에 해당하지 아니한다.
③ 음주소란, 지속적 괴롭힘, 거짓 인적사항을 사용한 사람은 10만 원 이하의 벌금, 구류 또는 과료의 형으로 처벌한다.
④ 술에 취한 채로 관공서에서 몹시 거친 말과 행동으로 주정하거나 시끄럽게 한 사람은 100만 원 이하의 벌금, 구류 또는 과료의 형으로 처벌한다.

실종아동보호

22. 실종아동 등의 보호 및 지원에 관한 법률

아동 등	실종 당시(신고 당시 ×) 18세 미만, 자폐성·지적·정신 장애인, 치매환자(신체 장애인 ×)
실종아동 등	아동 등이 약취, 유인, 유기, 사고, 가출, 길을 잃는 등의 이유로 보호자로부터 이탈된 경우
보호자	친권자, 후견인, 기타 법적 보호의무자(보호시설 장과 종사자는 제외)
보호시설	사회복지시설 + 인가·신고 등 없이 아동 등을 보호하는 시설
신고 의무자	① 보호시설의 장, 종사자, ② 아동복지전담 공무원(지자체장 ×), ③ 청소년 보호 재활센터 장, 종사자, ④ 사회복지전담 공무원, ⑤ 의료기관의 장, 의료인, ⑥ 업무·고용 관계로(관계없이 ×) 사실상 아동 등을 보호, 감독하는 사람 ※ 신고 의무자의 신고의무 위반(제6조) → 과태료 200만원 이하

23. 실종아동 등 및 가출인 업무처리규칙(경찰청 예규)

찾는 실종 아동 등	보호자가 찾고 있는 실종아동 등
보호 실종 아동 등	보호자가 확인되지 않아(확인되어×) 경찰관이 보호하고 있는 실종아동 등
장기실종 아동 등	신고 접수한 지 48시간이 경과한 아동 등
가출인	신고 당시 18세 이상
발생지	① 최종 목격지, 최종 목격 추정지(신고자 진술) ② 신고자가 최종 목격지를 모르거나 대중교통에서 목격, 실종·가출 후 1개월 경과 시는 최종 주거지
발견지	발견하여 현재 보호 중인 장소, 발견지와 보호지가 다른 경우 보호지 기준
국가경찰 수사범죄	자치경찰수사범죄에 해당되는 범죄를 제외한 나머지를 국가경찰수사범죄로 한다. 「실종아동 등의 보호 및 지원에 관한 법률」 위반에 대한 수사는 모두 자치경찰수사범죄에 해당한다.

꼭! 알아야 하는 핵심 문장, OX

01   17 채용1차, 17 경위, 17 경감

'발견지'란 실종아동 등 또는 가출인을 발견하여 보호 중인 장소를 말하며, 발견한 장소와 보호 중인 장소가 서로 다른 경우에는 발견한 장소를 말한다.

O/X

02   20 승진

실종아동 등의 보호 및 지원에 관한 법률상 '아동 등'이란 약취 유인 또는 유기되거나 사고를 당하거나 길을 잃는 등의 사유로 인하여 보호자로부터 이탈된 아동 등을 말한다.

O/X

꼭! 알아야 하는 핵심 문장, 키워드

01   17 채용1차, 17 경위, 17 경감

'장기실종아동 등'이란 보호자로부터 신고를 접수한 지 _____시간이 경과한 후에도 발견되지 않은 찾는 실종아동 등을 말한다.

02   18 채용3차

「실종아동 등 및 가출인 업무처리 규칙」상 "가출인"이란 신고 당시 보호자로부터 이탈된 _____세 이상의 사람을 말한다.

꼭! 알아야 하는 기출 문제, Review

01   17 채용1차, 17 경위, 17 경감

실종아동 등의 보호 및 지원에 관한 법률, 실종아동 등 및 가출인 업무처리 규칙상 용어의 설명으로 가장 적절한 것은?

① '아동 등'이란 실종신고 당시 18세 미만인 아동, 장애인복지법 제2조의 장애인 중 지적장애인, 자폐성장애인 또는 정신장애인 및 치매관리법 제2조 제2호의 치매환자를 말한다.
② '발생지'란 실종아동 등 및 가출인이 실종·가출 전 최종적으로 목격되었거나 목격되었을 것으로 추정하여 신고자 등이 진술한 장소를 말하며, 신고자 등이 최종 목격 장소를 진술하지 못하거나, 목격되었을 것으로 추정되는 장소가 대중교통시설 등일 경우 또는 실종·가출 발생 후 10일이 경과한 때에는 실종아동 등 및 가출인의 실종 전 최종 주거지를 말한다.
③ '발견지'란 실종아동 등 또는 가출인을 발견하여 보호 중인 장소를 말하며, 발견한 장소와 보호 중인 장소가 서로 다른 경우에는 발견한 장소를 말한다.
④ '장기실종아동 등'이란 보호자로부터 신고를 접수한 지 48시간이 경과한 후에도 발견되지 않은 찾는 실종아동 등을 말한다.

THEME 4 가정폭력범죄의 처벌 등에 관한 특례법

44. 응급조치, 긴급임시조치, 임시조치

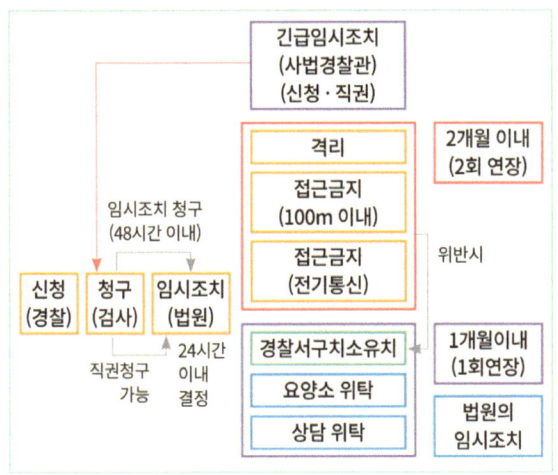

경찰	응급 조치	사법경찰관리는 즉시 현장에서 다음 조치를 하여야 한다. ① 폭력행위 제지, 분리, 현행범 체포 등 수사 ② 가정폭력 상담소·보호시설(동의필요), 의료기관(동의불요) 인도 ③ 피해자보호명령 또는 신변안전조치를 청구할 수 있음을 고지 ④ 재발 시 임시조치 신청할 수 있음을 피해자에 통보
	긴급 임시조치	① 응급조치에도 재발우려 있고 긴급하여 법원의 임시조치 받을 수 없을 때 · 피해자·가정구성원의 방실로부터 퇴거 등 격리 · 피해자·가정구성원이나(사람) 그 주거·직장 등(장소) 100미터 이내 접근금지 · 피해자·가정구성원에 전기통신을 이용한 접근금지(통신) → 접근금지는 사람, 장소, 통신으로부터 접근금지 ② 경찰은 지체없이 검사에 임시조치 신청하고, 검사는 48시간 내 법원에 임시조치 청구
	환경 조사서	① 범죄수사규칙 제226조에 의하여 작성 ② 가정폭력범죄수사에 있어서 범죄의 원인 및 동기와 행위자(피해자 ×)의 성격·행상·경력·교육정도·가정상황 그 밖의 환경 등을 상세히 조사 하여 작성
검사	임시조치 청구	① 직권 또는 경찰의 신청에 청구 ② 내용은 긴급임시조치와 동일 ③ 임시조치 위반하여 재발 우려 시 '경찰서 또는 구치소 유치' 청구
판사	임시조치	① 격접 + 의료기관·요양소·상담소(신설) 위탁, 경찰서 유치장·구치소 유치 ② 임시조치 기간은 '격접' 사유는 2개월(2회 연장가능), '요구' 사유는 1개월(1회 연장가능) ③ 경찰서 유치장·구치소 유치는 검사가 청구하는 것이고, 요양소·상담소 위탁은 검사 청구 없이 판사가 결정하는 것임.

꼭! 알아야 하는 핵심 문장, OX

01 16 채용2차

가정폭력범죄의 처벌 등에 관한 특례법에 따르면 임시조치의 청구는 긴급임시조치를 한때부터 24시간 이내에 청구하여야 하며, 긴급임시조치결정서를 첨부하여야 한다. O/X

02 19 경채

「가정폭력범죄의 처벌 등에 관한 특례법」 제29조 제1항 제5호(국가경찰관서의 유치장 또는 구치소에의 유치)는 긴급임시조치의 대상이다. O/X

꼭! 알아야 하는 핵심 문장, 키워드

01 16 채용2차

가정폭력범죄의 처벌 등에 관한 특례법에 따르면 사법경찰관은 응급조치에도 불구하고 가정폭력범죄가 재발될 우려가 있고, 긴급을 요하여 법원의 임시조치 결정을 받을 수 없을 때에는 직권 또는 피해자나 그 법정대리인의 신청에 의하여 _____를 할 수 있다.

02 19 경간 변형

「가정폭력범죄의 처벌 등에 관한 특례법」에 따르면 "_____"란 가정폭력으로서 「형법」상 상해, 폭행, 유기, 학대, 아동혹사, 체포, 감금, 협박, 강간, 강제추행, 명예훼손, 모욕, 주거침입, 강요, 공갈, 재물손괴 중 어느 하나에 해당하는 죄를 말한다.

꼭! 알아야 하는 기출 문제, Review

01 16 채용2차

가정폭력범죄의 처벌 등에 관한 특례법에 대한 설명으로 가장 적절하지 않은 것은?

① 검사는 가정폭력범죄가 재발될 우려가 있다고 인정하는 경우에는 직권으로 또는 사법경찰관의 신청에 의하여 법원에 피해자 또는 가정구성원의 주거 또는 점유하는 방실로부터의 퇴거 등 격리, 피해자 또는 가정구성원의 주거·직장 등에서 100미터 이내의 접근 금지, 의료기관이나 그 밖의 요양소에 위탁의 임시조치를 청구할 수 있다.
② 사법경찰관은 응급조치에도 불구하고 가정폭력범죄가 재발될 우려가 있고, 긴급을 요하여 법원의 임시조치 결정을 받을 수 없을 때에는 직권 또는 피해자나 그 법정대리인의 신청에 의하여 긴급임시조치를 할 수 있다.
③ 시조치의 청구는 긴급임시조치를 한때부터 48시간 이내에 청구하여야 하며, 긴급임시조치결정서를 첨부하여야 한다.
④ 형법상 유기죄는 가정폭력범죄에 해당한다.

THEME 5 통신수사

18. 통신 수사

통신제한 조치
- 통신비밀보호법
- 우편물 검열, 감청(송수신을 방해 포함)
  ※ 이미 수신이 완료된 전기통신의 내용을 지득하는 행위는 감청에 포함되지 않으므로, 형사소송법에 의한 압수수색검증 영장에 의한다(판례).
- 통화내용(통화내역×)에 관한 것
- 법원 허가 필요
  - ㉠ 범죄수사 목적 : 지방법원의 허가
  - ㉡ 국가안보 목적
    - 고등법원 수석판사의 허가(통신의 당사자가 내국인인 때)
    - 대통령 승인(적대국, 반국가활동 혐의 외국인, 북한 관련, 작전수행을 위한 군용전기통신)

통신사실 확인자료
- 통신비밀보호법
- 통화내역에 관한 것(통화내용×, 이용자×)
- 통신일시·시간, 사용도수, 상대방 번호, 인터넷 로그기록, 기지국·정보통신망 위치추적자료 등
- 지방법원 허가 필요

통신자료
- 전기통신사업법
- 통신이용자 정보내용(성명, 주민번호, 주소, 전화번호, 아이디, 가입일 등)
- 서장 공문(법원 허가×)
- 전기통신사업자는 수사기관의 요청에 응하지 않을 수 있으므로 강제수사가 아닌 임의수사로 본다(헌재)

꼭! 알아야 하는 핵심 문장, OX

01 22 승진

「통신비밀보호법」제3조(통신 및 대화비밀의 보호)의 규정에 위반하여 불법검열에 의하여 취득한 우편물이나 그 내용 및 불법 감청에 의하여 지득 또는 채록된 전기통신의 내용은 재판 또는 징계절차에서 증거로 사용할 수 있다. O/X

02 19 승진

우편물 검열은 통신제한조치에 해당하지 않는다. O/X

꼭! 알아야 하는 핵심 문장, 키워드

01 22 승진

「통신비밀보호법」상 발·착신 통신번호 등 상대방의 가입자번호는 _____에 해당한다.

02 17 경간, 18 경위

통신제한조치는 _____법에 근거하는 강제수사이다.

꼭! 알아야 하는 기출 문제, Review

01 22 승진

통신수사에 대한 설명으로 가장 적절하지 않은 것은?

① 「전기통신사업법」상 전기통신사업자는 법원, 검사 또는 수사관서의 장, 정보수사기관의 장이 재판, 수사, 형의 집행 또는 국가안전보장에 대한 위해를 방지하기 위한 정보수집을 위하여 통신자료제공을 요청하면 그 요청에 따를 수 있다.
② 「통신비밀보호법」상 검사 또는 사법경찰관은 수사 또는 형의 집행을 위하여 필요한 경우 법원의 허가를 받아 「전기통신사업법」에 의한 전기통신사업자에게 통신사실확인자료의 열람이나 제출을 요청할 수 있다.
③ 「통신비밀보호법」제3조(통신 및 대화비밀의 보호)의 규정에 위반하여 불법검열에 의하여 취득한 우편물이나 그 내용 및 불법 감청에 의하여 지득 또는 채록된 전기통신의 내용은 재판 또는 징계절차에서 증거로 사용할 수 없다.
④ 「통신비밀보호법」상 발·착신 통신번호 등 상대방의 가입자번호는 통신사실확인자료에 해당되지 않는다.

THEME 6. 피의자 유치 및 호송

24. 호송

종류
- 왕복호송: 용무를 마치고 다시 돌아오는 호송
- 이감호송: 다른 곳으로 이동하거나 특정관서에 인계하는 호송
- 집단호송: 한 번에 다수의 피호송자를 호송
- 비상호송: 전시, 사변, 비상사태, 천재·지변에 다른 곳으로 호송

관리책임
- 호송주무관(수사·형사과장), 호송관(담당자)
- 지휘감독관: 호송관이 5인 이상일 때 경위 이상 1명을 지정

💡 **폴리 암기 TIP**
왕이 집비(집비우면) 호송~~

수갑 등 사용
- 포박하기 전에 신체검색 실시(출발 전 신체검색 ×)
- 필요한 한도에서 수갑 또는 수갑·포승을 사용할 수 있다.
- 구류선고 및 감치명령을 받은 자와 미성년자, 고령자, 장애인, 임산부 및 환자: 수갑 등을 채우지 아니한다.
- 미체포 피의자가 구속 전 피의자심문에 임의로 출석한 경우에는 원칙적으로 수갑 및 포승을 사용하지 아니한다.
- 피호송자가 2인 이상일 때에는 2인 내지 5인을 1조로 하여 상호 연결시켜 포승으로 포박한다.

호송시간
호송은 일출 전 또는 일몰 후에 할 수 없다. 다만, 기차, 선박 및 차량을 이용하는 때 또는 특별한 사유가 있는 때에는 그러하지 아니한다.

💡 **폴리 암기 TIP**
구미감 고장임

26. 호송 중 유의사항

영치품 등
- 금전, 유가증권: 송부 원칙, 소액이나 당일 호송 종료시에는 호송관에 탁송 가능
- 물품: 호송관 탁송 원칙, 위험 또는 휴대 부적당시 송부 가능

호송비용
- 여비, 식비, 기타 비용: 호송관서 부담
- 피호송자의 사망, 발병시 비용: 인계받은 관서에서 부담
- 교도소·유치장에 숙식: 당해 교도소·경찰서에서 부담
- 피호송자가 식량, 의류, 침구 등을 자비 구입할 수 있을 때 호송관은 물품 구매 허가할 수 있음

휴대장비
호송관은 분사기 휴대 의무, 특별한 경우 총기 휴대할 수 있음

꼭! 알아야 하는 핵심 문장, OX

01 17 경간, 18 경감

호송관은 반드시 호송주무관의 지휘에 따라 포박한 후에 피호송자에 대하여 안전호송에 필요한 신체검색을 실시하여야 한다.

O/X

02 18 경간

호송은 일출 전 또는 일몰 후에 하는 것을 원칙으로 한다.

O/X

꼭! 알아야 하는 핵심 문장, 키워드

01 17 경간, 18 경감

호송관은 수갑 또는 수갑·포승을 사용하는 피호송자가 2인 이상일 때에는 호송수단에 따라 2인 내 _____인을 1조로 하여 상호 연결시켜 포승으로 포박한다.

02 18 경간

_____호송이란 전시, 사변 또는 이에 준하는 국가비상 사태나 천재, 지변에 있어서 피호송자를 다른 곳에 수용하기 위한 호송을 말한다.

꼭! 알아야 하는 기출 문제, Review

01 17 경간, 18 경감

「피의자 유치 및 호송규칙」에 대한 설명으로 가장 적절하지 않은 것은?

① 호송관은 반드시 호송주무관의 지휘에 따라 포박하기 전에 피호송자에 대하여 안전호송에 필요한 신체검색을 실시하여야 한다.
② 호송관은 수갑 또는 수갑·포승을 사용하는 피호송자가 2인 이상일 때에는 호송수단에 따라 2인 내지 6인을 1조로 하여 상호 연결시켜 포승으로 포박한다.
③ 호송수단은 경찰호송차, 기타 경찰이 보유하고 있는 차량에 의함을 원칙으로 한다.
④ 여자인 피호송자의 신체검색은 여자경찰관이 행하거나 성년의 여자를 참여시켜야 한다.

THEME 7 과학수사

29. 지문

현장 지문

현재 지문
- 가공을 하지 않고도 육안으로 식별되는 지문
- 정상지문 : 혈액, 먼지 등이 손가락에 묻은 후 인상된 지문
- 역지문 : 먼지 쌓인 물체, 연한 점토 등에 인상된 지문으로 선의 고랑과 이랑이 반대로 현출
- 먼지지문 채취방법 : 사진촬영, 전사법, 실리콘러버법
- 혈액지문 채취방법 : 사진촬영, 전사법 (실리콘러버법 ×)

잠재 지문
인상된 상태로는 육안 식별되지 않고 이화학적 가공 후 가시상태로 되는 지문

준현장 지문
범죄현장 이외의 장소에서 채취한 지문
예) 침입경로·도주경로·예비장소의 지문, 금은방 거래대장에 압날된 지문 등

관계자 지문
현장·준현장 지문 중, 범인 이외의 자가 남긴 지문 (피해자 등)

유류 지문
현장·준현장 지문 중, 범인지문으로 추정되는 지문(관계자 지문을 제외한 지문)

꼭! 알아야 하는 핵심 문장, 키워드

01 19 승진

_____지문은 혈액·잉크·먼지 등이 손가락에 묻은 후 피사체에 인상된 지문이므로 무인했을 때의 지문과 동일하다.

02 14 경간

____지문은 이화학적 가공을 하여야 비로소 가시상태로 되는 지문으로 채취 방법에는 고체법, 기체법, 액체법 등이 있다.

꼭! 알아야 하는 핵심 문장, OX

01 19 승진

혈액지문은 실리콘러버법으로 지문을 채취하기 곤란하다.
O/X

02 14 경간

정상지문은 먼지 쌓인 물체, 연한 점토, 마르지 않은 도장면에 인상된 지문으로 선의 고랑과 이랑이 반대로 현출된다.
O/X

꼭! 알아야 하는 기출 문제, Review

01 19 승진

지문에 대한 설명으로 가장 적절하지 않은 것은?
① 혈액지문은 실리콘러버법으로 지문을 채취한다.
② 제상문은 지문 모양이 말발굽 모양을 형성하는 지문을 말한다.
③ 궁상문, 제상문, 와상문 중 어느 문형에도 속하지 않는 지문은 변태문이다.
④ 정상지문은 혈액·잉크·먼지 등이 손가락에 묻은 후 피사체에 인상된 지문이므로 무인했을 때의 지문과 동일하다.

THEME 8. 마약류 사범 수사

37. 향정신성 의약품

메스암페타민(히로뽕, 필로폰)
- '술 깨는 약', '피로회복제', '체중조절약' 등으로 가장
- 강한 각성작용으로 의식이 뚜렷하고 잠이 오지 않으며 피로감이 없어짐
- 식욕감퇴, 환시, 환청, 편집증세, 과민반응, 피해망상증 등

엑스터시(MDMA)
- 독일에서 식욕감퇴제로 개발된 것
- 클럽마약, 포용마약, 도리도리로 불림
- 클럽에서 막대사탕을 물고 있거나 물을 자주 마심

러미나(라)(덱스트로 메트로판)
- 진해거담제(기침완화, 가래제거)로 약국 구입 가능
- 의존성과 독성이 없으며 코데인 대용으로 사용
- 술에 타서 마시며 이를 정글쥬스라고 함 【미라댁 쥬스 진해】

L.S.D
- 곡물의 곰팡이, 보리 맥각에서 추출
- 환각제 중 가장 강력하며, 무색, 무취, 무미
- 종이에 묻혀 뜯어서 입에 넣기도 함
- 중독되면 마약을 하지 않아도 환각을 느끼는 플래쉬백 현상 발생
【이세돌(L.S.D.)은 무색·무취·무미, 가장 강력】

야바(YABA)
- 태국어로 '미치게 하는 약', 카페인 등에 필로폰을 혼합하여 순도가 낮다.
- 중동남아 지역 유흥업소 중심으로 확산 【야한 바(bar)】

메스카린
- 선인장 페이요트에서 추출 합성한 것 【메스카린 카시】

GHB(물뽕)
- 무색, 무취하지만 짠맛이 난다. 【짠(G) 뽕(B)】
- 술에 타서 먹이는 '데이트 강간 약물'로 불린다.
- 15분 후 효과, 3시간 지속, 24시간내 인체 소멸

카리소프로돌(S정)
- 중추신경에 작용하여 골격근 이완 효과, 인사불성, 호흡저하 발생
- 금단현상으로 온몸이 뻣뻣해지고, 혀가 굳어 혀꼬부라지는 소리를 냄
【돌처럼 굳는 Stop 정】

프로포폴
- 수면마취제로 불리는 정맥마취제로서 수면내시경 등에 사용된다.
- 환각제 대용으로 사용되어 향정신의약품(마약×)으로 지정되었다.

꼭! 알아야 하는 핵심 문장, OX

01 18 경위

GHB는 무색무취무미의 나는 액체로 소다수 등 음료에 타서 복용하며, 근육강화 호르몬 분비효과가 있다. O/X

02 21 경채

프로포폴은 흔히 수면마취제라고 불리는 정맥마취제로서 수면내시경 등에 사용되나, 환각제 대용으로 오·남용되는 사례가 있어 마약으로 지정되어 관리되고 있다. O/X

꼭! 알아야 하는 핵심 문장, 키워드

01 18 경위

_____은 미국의 텍사스나 멕시코 북부지역에서 자생하는 선인장인 페이요트에서 추출·합성한 향정신성의약품이다.

02

_____는 곡물의 곰팡이, 보리 맥각에서 추출한 물질을 인공 합성시켜 만든 것으로 무색, 무취, 무미하다.

꼭! 알아야 하는 기출 문제, Review

01 18 경위

「마약류 관리에 관한 법률」상 마약류에 대한 설명으로 가장 적절하지 않은 것은?

① GHB는 무색무취의 짠맛이 나는 액체로 소다수 등 음료에 타서 복용하며, 근육강화 호르몬 분비효과가 있다.
② 카리소프로돌(일명 S정)은 내성이나 심리적 의존현상은 있지만 금단증상은 일으키지 않는다고 알려져 있으며, 일부 남용자들은 '플래시백 현상'을 일으키기도 한다.
③ 야바(YABA)는 카페인, 에페드린, 밀가루 등에 필로폰을 혼합한 것으로 원료가 화공약품이기 때문에 보다 안정적인 밀조가 가능하다.
④ 메스카린(Mescaline)은 미국의 텍사스나 멕시코 북부지역에서 자생하는 선인장인 페이요트에서 추출·합성한 향정신성의약품이다.

THEME 9 경비경찰의 특징

02. 경비경찰의 특징

복합기능적 활동
경비경찰은 예방, 경계, 진압을 복합적으로 수행 (예방위주×, 진압위주×)

현상유지적 활동
- 기본적으로 현재 질서유지를 유지하는 것에 가치를 둠
- 정태·소극적 유지가 아닌 새로운 변화와 발전을 보장하기 위한 동태·적극적인 유지임(질서유지라는 소극적 목적을 위한 적극적 활동)

즉시적 활동
다중범죄, 테러, 경호상 위해, 경찰작전상황 등 발생시 기한을 정하여 진압하는 것이 아니고 즉시 출동하여 조기 진압해야 함

조직적 부대활동
개인적인 활동보다는 부대단위 활동하며, 경비사태 발생시 조직적이고 집단적이며 물리적인 힘으로 대처함

하향적 명령 활동
지휘관의 하향적 명령에 의한 활동으로 부대원 재량은 적고, 결과 책임은 지휘관이 지는 경우가 많음

사회전반적 안녕 목적의 활동
경비경찰은 공공의 안녕과 질서 유지가 목적이므로 사회 전체 질서를 파괴하는 범죄를 대상으로 작용(국가목적적 치안 수행)

> 폴리 암기 TIP
> 명령에는 책임이 따른다

꼭! 알아야 하는 핵심 문장, 키워드

01 19 승진
경비경찰의 특징 중 경비상황은 국가적으로나 사회적으로 중대한 영향을 미치므로 신속한 처리가 요구된다. 따라서 경비사태에 대한 기한을 정하여 진압할 수 없으며 즉시 출동하여 신속하게 조기에 제압한다는 것은 _____ 활동에 해당한다.

02 22 경간
경비경찰 활동은 현재의 질서상태를 보존하는 것에 중점을 두는 _____ 활동 수행의 특성을 가진다.

꼭! 알아야 하는 핵심 문장, OX

01 19 승진
경비경찰의 특징 중 경비사태가 발생한 후의 진압뿐만 아니라 특정한 사태가 발생하기 전의 경계·예방의 역할을 수행한다는 것은 현상유지적 활동에 해당한다. O/X

02 22 경간
경비경찰활동은 상향적 명령체계가 확보되어야 하므로 부대원의 재량은 상대적으로 적고, 활동의 결과에 대해서는 지휘관이 책임을 지는 것이 일반적이다. O/X

꼭! 알아야 하는 기출 문제, Review

01 19 승진
경비경찰의 특징에 대한 설명으로 가장 적절하지 않은 것은?

① 복합기능적 활동 - 경비사태가 발생한 후의 진압뿐만 아니라 특정한 사태가 발생하기 전의 경계·예방의 역할을 수행한다.
② 현상유지적 활동 - 경비활동은 기본적으로 현재의 질서상태를 보존하는 것에 가치를 둔다고 할 수 있다. 그러나 정태적·소극적인 질서유지가 아닌 새로운 변화와 발전을 보장하기 위한 동태적·적극적인 의미의 유지작용이다.
③ 즉시적(즉응적) 활동 - 경비상황은 국가적으로나 사회적으로 중대한 영향을 미치므로 신속한 처리가 요구된다. 따라서 경비사태에 대한 기한을 정하여 진압할 수 없으며 즉시 출동하여 신속하게 조기에 제압한다.
④ 하향적 명령에 의한 활동 - 긴급하고 신속한 경비업무의 효율적인 처리를 위하여 지휘관을 한 사람만 두어야 한다는 의미로 폭동의 진압과 같은 긴급한 상황에서는 지휘관의 신속한 결단과 명확한 지침이 필요하다.

THEME 10 재난경비

17. 재난 및 안전관리기본법 용어의 정의

재난	사회재난(인위재난 ×)과 자연재난으로 구분
재난관리	재난의 예방·대비·대응 및 복구를 위하여 하는 모든활동
안전관리	재난이나 그 밖의 각종 사고로부터 사람의 생명·신체 및 재산의 안전을 확보하기 위하여 하는 모든 활동
긴급구조기관	· 소방청·소방본부 및 소방서 · 해양 재난 : 해양경찰청·지방해양경찰청 및 해양경찰서 · 시·도긴급구조통제단의 단장은 소방본부장이 되고 시·군·구긴급구조통제단의 단장은 소방서장이 된다
긴급구조지원기관	경찰청은 대통령령에 의하여 긴급구조지원기관에 포함된다.

18. 재난 관리

예방	국가기반시설 지정·관리, 특정관리대상 지역 지정·관리 재난안전분야 종사자 교육, 정부합동 안전 점검, 재난관리체계 등의 평가 활동
대비	재난발생시 피해를 최소화하고 원활한 대응을 위한 준비 기능별 재난대응 활동계획 작성, 재난대비 훈련 위기관리 매뉴얼 작성
대응	재난사태 선포(행안부장관) 위기경보 발령(관심·주의·경계·심각) 응급조치, 긴급구조, 동원명령, 대피명령
복구	재난피해조사, 특별재난지역 선포(대통령) 등

19. 재난 및 안전 관리

업무 총괄	행정안전부 장관이 재난 및 안전관리 업무 총괄 조정
중앙안전관리위원회	국무총리 소속으로 재난 안전관리 주요 정책 심의
중앙재난안전대책본부	· 대통령령으로 정하는 대규모 재난 총괄, 행안부에 둔다. · 본부장은 원칙적으로 행안부 장관이나 해외재난은 외교부 장관, 방사능재난은 중앙방사능방재대책본부의 장이 된다. · 총리는 범정부적 차원에서 통합 대응이 필요할 때 본부장, 각 소관 장관은 차장
재난 신고 등	· 누구든지 재난의 발생이나 재난이 발생할 징후를 발견하였을 때에는 즉시 그 사실을 시장·군수·구청장·긴급구조기관, 그 밖의 관계 행정기관에 신고하여야 한다. · 경찰관서의 장은 업무수행 중 재난의 발생이나 재난이 발생할 징후를 발견하였을 때에는 즉시 그 사실을 그 소재지 관할 시장·군수·구청장과 관할 긴급구조기관의 장에게 알려야 한다.
선포	· 재난사태 : 행안부 장관이 중앙위원회의 심의를 거쳐 선포 · 특별재난지역 : 중앙대책본부장은 중앙위원회의 심의를 거쳐 특별재난지역 선포를 건의할 수 있으며, 대통령이 선포

꼭! 알아야 하는 핵심 문장, OX

01 20 채용2차, 19 채용2차

"재난"이란 국민의 생명·신체·재산과 국가에 피해를 주거나 줄 수 있는 것으로서 자연재난과 인적재난으로 구분된다.

O/X

02 19 채용1차

재난 및 안전관리 기본법」상 특별재난지역 선포는 대응 단계에서의 활동이다.

O/X

꼭! 알아야 하는 핵심 문장, 키워드

01 20 채용2차, 19 채용2차

「재난 및 안전관리 기본법」상 대통령령으로 정하는 대규모 재난의 대응·복구 등에 관한 사항을 총괄·조정하고 필요한 조치를 하기 위하여 _____에 중앙재난안전대책본부를 둔다.

02 19 채용1차

재난 및 안전관리 기본법」상 재난분야 위기관리 매뉴얼 작성은 _____단계에서의 활동이다.

꼭! 알아야 하는 기출 문제, Review

01 20 채용2차, 19 채용2차

「재난 및 안전관리 기본법」에 대한 설명으로 가장 적절한 것은?

① "재난"이란 국민의 생명·신체·재산과 국가에 피해를 주거나 줄 수 있는 것으로서 자연재난과 인적재난으로 구분된다.
② "재난관리"란 재난의 예방·대응·복구 및 평가를 위하여 하는 모든 활동을 말한다.
③ 「재난 및 안전관리 기본법」상 대통령령으로 정하는 대규모 재난의 대응·복구 등에 관한 사항을 총괄·조정하고 필요한 조치를 하기 위하여 국무조정실에 중앙재난안전대책본부를 둔다.
④ 해외재난의 경우 외교부장관이 중앙재난안전대책본부장의 권한을 행사한다.

THEME 11 통합방위법

22. 통합 방위 기구

중앙통합 방위협의회	· 의장 : 국무총리 · 위원은 각 부 장관, 경찰청장, 시·도경찰청장
지역통합 방위협의회	· 시·도 통합방위협의회(시·도협의회) 의장 : 시·도지사 · 시·군·구 통합방위협의회(지역협의회) 의장 : 시·군·구청장
통합방위 본부	· 본부장 : 합동참모의장(의장-의장 ×) · 부본부장 : 합동참모본부에서 군사작전에 대한 기획 등 작전업무를 총괄하는 참모부서의 장(개정)

23. 통합방위사태 선포

사태 구분

갑종	대규모 병력, 대량살상무기 공격 등 통합방위본부장 또는 지역군사령관 지휘
을종	일부 지역 도발, 단기 회복 불가 지역군사령관 지휘
병종	소규모 적이 침투, 단기 회복 가능 지역군사령관, 시·도 경찰청장, 함대사령관 지휘 (경찰청장 ×)

폴리 암기 TIP
갑통지 / 을지 / 병지시함

사태 구분

구분		건의	선포
갑종	2이상 걸친 을종	국방장관	대통령
	2이상 걸친 병종	행안/국방 장관	
을·병종		지역군사령관 시·도경찰청장 함대사령관	시·도지사 (시·군·구청장 ×)

꼭! 알아야 하는 핵심 문장, OX

01 23 승진

"을종사태"란 일정한 조직체계를 갖춘 적의 대규모 병력 침투 또는 대량살상무기 공격 등의 도발로 발생한 비상사태로서 통합방위본부장 또는 지역군사령관의 지휘·통제하에 통합방위작전을 수행하여야 할 사태를 말한다.

O/X

02 22 경간

통합방위사태가 선포된 때에는 「통합방위법」의 규정에 따라 통합방위작전의 관할구역 중 경찰관할지역은 경찰청장이 작전을 수행한다.

O/X

꼭! 알아야 하는 핵심 문장, 키워드

01 23 승진

「통합방위법」에 따르면 _____ 소속으로 중앙 통합방위협의회를 둔다.

02 19 승진

「통합방위법」에 따르면 중앙 통합방위협의회의 의장은 국무총리가 되고 통합방위본부장은 _____이 된다.

꼭! 알아야 하는 기출 문제, Review

01 23 승진

「통합방위법」에 관한 설명 중 가장 적절하지 않은 것은?

① "갑종사태"란 일정한 조직체계를 갖춘 적의 대규모 병력 침투 또는 대량살상무기 공격 등의 도발로 발생한 비상사태로서 통합방위본부장 또는 지역군사령관의 지휘·통제하에 통합방위작전을 수행하여야 할 사태를 말한다.
② "을종사태"란 적의 침투·도발 위협이 예상되거나 소규모의 적이 침투하였을 때에 시·도경찰청장, 지역군사령관 또는 함대사령관의 지휘·통제하에 통합방위작전을 수행하여 단기간 내에 치안이 회복될 수 있는 사태를 말한다.
③ 국무총리 소속으로 중앙 통합방위협의회를 둔다.
④ 국가중요시설은 국방부장관이 관계 행정기관의 장 및 국가정보원장과 협의하여 지정한다.

THEME 12 경찰비상업무 규칙

30. 경찰 비상업무 규칙

정착 근무	사무실 또는 상황과 관련된 현장에 위치
정위치 근무	감독순시, 현장근무, 사무실 대기 등 관할구역 내 위치
지휘선상 근무	1시간 이내 지휘·현장 근무 가능한 장소에 위치
필수 요원	경찰기관장이 지정한 자로 비상소집시 1시간 내 응소
일반 요원	필수요원을 제외한 비상소집시 2시간 내 응소해야 할 자
가용 경력	휴가, 출장, 교육, 파견 등을 제외한 모든 인원

비상근무 발령권자 : 경찰청장, 시·도경찰청장, 경찰서장

폴리 암기 TIP
2글자 3글자 4글자 / 후출고파 제외

32. 비상근무 등급별 실시기준

	지휘관·참모	연가	가용 경력
갑호 비상	정착	중지	100
을호 비상	정위치	중지	50
병호 비상	정위치·지휘선상	억제	30
경계 강화	지휘선상	×	출동태세 (비상연락체계 유지)
작전준비태세 (작전비상시 적용)	×	×	출동태세 점검 (비상연락망 구축)

폴리 암기 TIP
병정지 억세게

경계강화
- 별도의 경력동원 없이 특정분야의 근무를 강화한다.
- 전 경찰관은 비상연락체계를 유지하고 경찰작전부대는 상황발생시 즉각 출동이 가능하도록 출동대기태세를 유지한다.
- 지휘관과 참모는 지휘선상 위치 근무를 원칙으로 한다.

작전준비태세(작전비상시 적용)
- 별도의 경력동원 없이 경찰관서 지휘관 및 참모의 비상연락망을 구축하고 신속한 응소체제를 유지한다.
- 경찰작전부대는 상황발생시 즉각 출동이 가능하도록 출동태세 점검을 실시한다.
- 유관기관과의 긴밀한 연락체계를 유지하고, 필요시 작전상황반을 유지한다.

꼭! 알아야 하는 핵심 문장, OX

01 18·20 승진

'가용경력'이라 함은 총원에서 휴가 출장 교육 파견 등을 포함한 실제 동원될 수 있는 모든 인원을 말한다.

O/X

02 23 경간

필수요원이라 함은 전 경찰공무원 및 일반직공무원 중 경찰기관의 장이 지정한 자로 비상소집 시 2시간 이내에 응소하여야 할 자를 말한다.

O/X

꼭! 알아야 하는 핵심 문장, 키워드

01 18·20 승진

병호 비상시 연가를 억제하고 가용경력 _____%까지 동원할 수 있다.

02 19 경채

지휘관과 참모는 을호 비상시 정위치 근무를, 경계 강화 시 _____ 위치 근무를 원칙으로 한다.

꼭! 알아야 하는 기출 문제, Review

01 18·20 승진

경찰 비상업무 규칙에 대한 설명 중 가장 적절한 것은?
① 병호 비상시 연가를 중지하고 가용경력 30%까지 동원할 수 있다.
② 경계 강화 시 지휘관과 참모는 비상연락망을 구축하고 신속한 응소체제를 유지한다.
③ '가용경력'이라 함은 총원에서 휴가 출장 교육 파견 등을 포함한 실제 동원될 수 있는 모든 인원을 말한다.
④ 비상근무 유형에 따른 분류에는 경비비상, 작전비상, 안보비상, 수사비상, 교통비상, 재난비상이 있다.

THEME 13 운전면허의 종류

18. 운전면허 종류

1종 면허 특수, 대형, 보통, 소형

- **특수**
  - **대형 견인차**
    - 견인형 특수차(트레일러)
    - 2종보통으로 운전할 수 있는 차량
  - **소형 견인차**
    - 총 중량 3.5톤 이하 견인형 특수차
    - 2종보통으로 운전할 수 있는 차량
  - **구난차**
    - 구난형 특수차(렉카)
    - 2종보통으로 운전할 수 있는 차량
- **대형**
  - 승용·승합·화물·원자
  - 건설기계 10종
  - 특수자동차(견인·구난차 제외) (1, 2종 소형 ×)
- **보통**
  - 승용·원자
  - 승차정원 15인 이하 승합차
  - 적재중량 12톤 미만 화물차
  - 총중량 10톤 미만 특수차(견인·구난차 제외)
  - 건설기계(도로를 운행하는 3톤 미만 지게차 한정)
- **소형**
  - 3륜 승용차·3륜 화물차·원자

> 💡 **폴리 암기 TIP**
> /1보는데 15(인)라고 12만(화) 거네 10통 특저서 3지창으로/

2종 면허

- **보통**
  - 승용·원자
  - 승차정원 10인 이하 승합
  - 적재중량 4톤 이하 화물
  - 총 중량 3.5톤 이하 특수차(견인·구난차 제외)
- **소형**
  - 125cc 초과 이륜자동차·원자
- **원자**
  - 원자(125cc이하 이륜차, 125cc이하 원동기 단 차)

> 💡 **폴리 암기 TIP**
> 이보세요 식사하세요 사모님

꼭! 알아야 하는 핵심 문장, OX

01 　　　　　　　　　　　　　　　　18 채용2차, 18 경감

도로교통법 시행규칙상 제1종 보통운전면허는 적재중량 12톤 이하의 화물자동차를 운전할 수 있다.
　　　　　　　　　　　　　　　　　　　　　O/X

02 　　　　　　　　　　　　　　　　　　　　20 승진

제1종 특수면허 중 소형견인차 면허를 가지고 총중량 3.5톤 이하의 견인형 특수자동차를 운전할 수 없다.
　　　　　　　　　　　　　　　　　　　　　O/X

꼭! 알아야 하는 핵심 문장, 키워드

01 　　　　　　　　　　　　　　　18 채용2차, 18 경감

도로교통법 시행규칙상 제2종 보통운전면허는 승차정원 _____명 이하의 승합자동차를 운전할 수 있다.

02 　　　　　　　　　　　　　　　　　　　　20 승진

제2종 보통면허로는 승차정원 10명 이하의 승합자동차, 적재 중량 _____톤 이하의 화물자동차, 총중량 3.5톤 이하의 특수자동차(구난차등은 제외한다) 등을 운전할 수 있다.

꼭! 알아야 하는 기출 문제, Review

01 　　　　　　　　　　　　　　　18 채용2차, 18 경감

다음은 도로교통법 시행규칙상 각종 운전면허로 운전할 수 있는 차량의 종류를 표로 정리한 것이다. ㉠부터 ㉣까지 (　) 안에 들어갈 숫자를 순서대로 나열한 것은?

〈제1종 보통운전면허〉
가. ㉠ 적재중량 (　)톤 미만의 화물자동차
〈제2종 보통운전면허〉
나. 승차정원 (　)명 이하의 승합자동차
다. 적재중량 (　)톤 이하의 화물자동차
라. 총중량 (　)톤 이하의 특수자동차(구난차등은 제외한다)

① 10 - - 4 - 3.5
② 12 - 10 - 4 - 3.5
③ 12 - 10 - 4 - 4
④ 12 - 10 - 3.5 - 4

교통사고처리 특례법 제3조 제2항(처벌의 특례)

37. 12개 처벌 특례 예외

과속 운전	제한속도 20Km 초과
음주 운전	음주 또는 약물 운전
무면허 운전	무면허운전, 무건설기계조종사면허, 미소지 국제운전면허증
신호지시 위반	신호위반, 교통정리 경찰관 신호위반, 회전교차로의 유도표시(안전표지) 위반, 통행금지 또는 일시정지 안전표지 위반
중앙선 침범	중앙선 침범, 고속도로(일반도로 ×) 등을 횡단, 유턴, 후진
철길 건널목 통과방법 위반	
앞지르기 위반	앞지르기 시기·장소·방법, 끼어들기 위반【앞시장방끼】 고속도로에서 앞지르기 방법 위반 【고앞방】
횡단보도 보행자 보호위반	
보도침범 사고	보도침범, 보도 횡단방법 위반
어린이 보호구역 위반	어린이 보호구역에서 안전의무위반으로 어린이 신체 상해
승객 추락방지	
화물 추락사고	

꼭! 알아야 하는 핵심 문장, 키워드

01 22 승진

「도로교통법」「도로교통법」 제39조 제4항을 위반하여 자동차의 화물이 떨어지지 아니하도록 필요한 조치를 하지 아니하고 운전한 경우 _____ 특례법 제3조 제2항(처벌의 특례) 단서 각 호에 해당한다.

02 21 경간

중앙선이 설치된 도로의 어느 구역에서 좌회전이나 유턴이 허용되어 중앙선이 백색 점선으로 표시되어 있는 경우, 그 지점에서 안전표지에 따라 좌회전이나 유턴을 하기 위하여 중앙선을 넘어 운행하다가 반대편 차로를 운행하는 차량과 충돌하는 교통사고를 내었더라도 이를 특례법에서 규정한 _____침범 사고라고 할 것은 아니다.

꼭! 알아야 하는 핵심 문장, OX

01 22 승진

「도로교통법」 제17조 제1항 또는 제2항에 따른 제한속도를 시속 10킬로미터 초과하여 운전한 경우는 교통사고처리 특례법 제3조 제2항(처벌의 특례) 단서 각 호에 해당한다. O/X

02 21 경간

「교통사고처리 특례법」 제3조 제2항 단서 '처벌특례 항목' 들에 대한 설명 중 화물차 적재함에서 작업하던 피해자가 차에서 내린 것을 확인하지 않은 채 출발함으로써 피해자가 추락하여 상해를 입게 된 경우, 특례법 소정의 '승객의 추락방지 의무'를 위반하여 운전한 경우에 해당한다. O/X

꼭! 알아야 하는 기출 문제, Review

01 22 승진

다음 ㉠부터 ㉣까지 중 교통사고처리 특례법 제3조 제2항(처벌의 특례) 단서 각 호에 해당하는 것은 모두 몇 개인가?

- ㉠ 「도로교통법」 제39조 제4항을 위반하여 자동차의 화물이 떨어지지 아니하도록 필요한 조치를 하지 아니하고 운전한 경우
- ㉡ 「도로교통법」 제17조 제1항 또는 제2항에 따른 제한속도를 시속 20킬로미터 초과하여 운전한 경우
- ㉢ 「도로교통법」 제13조 제3항을 위반하여 중앙선을 침범하거나 같은 법 제62조를 위반하여 횡단·유턴 또는 후진한 경우
- ㉣ 「도로교통법」 제24조에 따른 철길건널목 통과방법을 위반하여 운전한 경우

① 1개   ② 2개   ③ 3개   ④ 4개

THEME 15 정보분류

03. 정보 분류 기준

정보 요소	정치, 경제, 사회, 군사, 과학 정보 등
사용 수준	전략정보, 전술정보
사용 목적	적극정보, 소극(보안)정보
정보 출처	부차적-근본, 공개-비밀, 우연-정기
분석 형태	기본정보, 현용정보, 판단정보
수집 활동	인간정보, 기술정보

 폴리 암기 TIP
수준이 약(략)술 / 목적소 / 출처는 부근 공비 우정 / 분본현판 / 인기수집

적극정보(정책정보)
국가 이익을 위하여 정보기관이 생산하는 대부분의 정보로서 주요정책 수행상의 문제점, 정책과 관련된 민심의 동향이나 여론 등

소극정보(보안정보)
- 국가 안전을 유지하는 경찰기능의 기초가 되는 정보
- 방첩정보 또는 대(對) 정보(counter-intelligence) 등과 유사
- 테러정보, 간첩이나 비밀활동자의 색출을 위한 정보, 밀입국자 또는 마약거래자의 예방과 적발을 위한 정보 등

06. 분석형태에 따른 분류

기본정보
과거의 사실이나 사건들에 대한 정적인 상태를 기술한 정보

현용정보
- 현재의 동적인 상태를 보고하는 정보, 경찰의 정보상황보고 등
- 통상 정보사용자는 현안에 관심이 많아서 판단정보 보다 현용정보를 더 높게 평가

판단정보
- 미래 가능성을 예측한 평가정보
- 종합 분석과 과학적 추론을 하므로 가장 정선된 형태의 정보이며, 생산자의 능력과 재능을 가장 많이 필요로 함
- 사용자에게 정책 결정에 필요한 사전 지식 제공을 사명으로 함.

꼭! 알아야 하는 핵심 문장, OX

01 17 경간

판단정보는 과거와 현재를 바탕으로 하여 현재의 가능성을 예측한 평가정보로서 정책결정자에게 정책의 결정에 필요한 사전적인 지식을 제공하는 기능을 한다.

O/X

02 20 승진

근본출처정보는 정보출처에 대한 별다른 보호조치가 없더라도 상시적으로 정보를 획득할 것으로 기대되는 출처로부터 얻어진 정보이다.

O/X

꼭! 알아야 하는 핵심 문장, 키워드

01 17 경간

보안정보는 _____을 위태롭게 하는 간첩활동, 태업 및 전복에 대비할 국가적 취약점의 분석과 판단에 관한 정보를 말한다.

02 19 경채

정보는 _____에 따라 적극정보와 소극정보로 분류할 수 있으며 적극정보는 국가이익을 증대시키기 위해 정책을 입안하고 계획을 수립하며 정책계획을 수행하는데 필요한 정보를 말하고, 소극정보는 국가의 안전을 유지하는 국가경찰기능의 기초가 되는 정보를 말한다.

꼭! 알아야 하는 기출 문제, Review

01 17 경간

다음 빈칸에 들어갈 알맞은 단어끼리 짝지은 것은?

> (㉠)는 과거와 현재를 바탕으로 하여 미래의 가능성을 예측한 평가정보로서 정책결정자에게 정책의 결정에 필요한 사전적인 지식을 제공하는 기능을 한다.
> (㉡)는 국가안전보장을 위태롭게 하는 간첩활동, 태업 및 전복에 대비할 국가적 취약점의 분석과 판단에 관한 정보를 말한다.

① ㉠ - 판단정보, ㉡ - 적극정보
② ㉠ - 판단정보, ㉡ - 보안정보
③ ㉠ - 현용정보, ㉡ - 소극정보
④ ㉠ - 현용정보, ㉡ - 적극정보

THEME 16 집회 및 시위에 관한 법률

19. 집회 시위 시간 정리

신고서 제출	720시간 전 ~ 48시간 전
접수증	즉시 발부
금지통고	접수 ~ 48시간 이내
보완 통고서	접수 ~ 12시간 이내에
보완 신고	보완통고서 수령 ~ 24시간 이내
이의신청	상급관청에 10일 내 신청 → 24시간 내 재결서 발송 → 새로운 집회 24시간 전 신고
(금지·이의신청으로) 시기 놓친 경우	집회 24시간 전 신고
중복 신고 시, 먼저 신고된 집회 철회	집회 24시간 전 철회신고, 미신고시 과태료 100만원 이하

풀리 암기 TIP
사파리개장신고/사파리개장금지/보완12/금지통보에 열(10)받아서 상부에 이의신청

20. 옥외 집회·시위 신고

옥외 집회·시위 신고 등(제6조)
- 신고서는 경찰서에 제출하되, 시위장소가 두 곳 이상의 경찰서 관할 → 시·도경찰청장에게 제출
- 두 곳 이상의 시·도경찰청 관할 → 주최지를 관할하는 시·도경찰청장(경찰청장×)에게 제출

신고서 보완(제7조)
- 접수증 교부한 때부터 12시간 이내에 24시간을 기한으로 보완 통고
- 보완사항을 서면(구두×)으로 주최자 또는 연락책임자 (질서유지인 ×)에게 송달
- 집회신고서의 내용에 대하여는 보완 통고할 수 없음

꼭! 알아야 하는 핵심 문장, OX

01 17 경감, 18 경위

옥외집회나 시위를 주최하려는 자는 목적, 일시, 장소, 주최자·연락책임자·질서유지인(주소, 성명, 직업, 연락처), 참가 예정인 단체와 인원, 시위의 경우 그 방법 등의 기재사항 모두를 적은 신고서를 옥외집회나 시위를 시작하기 720시간 전부터 24시간 전에 관할 경찰서장에게 제출하여야 한다.

O/X

02 21 승진

관할경찰관서장은 「집회 및 시위에 관한 법률」 제6조 제1항에 따른 신고서의 기재사항에 미비한 점을 발견하면 접수증을 교부한 때부터 24시간 이내에 주최자에게 12시간을 기한으로 그 기재사항을 보완할 것을 통고할 수 있다.

O/X

꼭! 알아야 하는 핵심 문장, 키워드

01 17 경감, 18 경위

주최자는 신고한 옥외집회 또는 시위를 하지 아니하게 된 경우에는 신고서에 적힌 집회 일시 _____ 전에 그 철회사유 등을 적은 철회신고서를 관할경찰관서장에게 제출하여야 한다.

02 21 승진

관할경찰관서장은 금지 사유에 해당하는 집회 및 시위의 경우에 신고서를 접수한 때로부터 _____ 이내에 금지통고를 할 수 있다.

꼭! 알아야 하는 기출 문제, Review

01 17 경감, 18 경위

집회 및 시위에 관한 법률상 집회신고에 관한 설명이다. ㉠부터 ㉤까지의 숫자가 순서대로 바르게 나열된 것은?

> ㉮ 옥외집회나 시위를 주최하려는 자는 목적, 일시, 장소, 주최자·연락책임자·질서유지인(주소, 성명, 직업, 연락처), 참가 예정인 단체와 인원, 시위의 경우 그 방법 등의 기재사항 모두를 적은 신고서를 옥외집회나 시위를 시작하기 (㉠)시간 전부터 (㉡)시간 전에 관할 경찰서장에게 제출하여야 한다.
> ㉯ 주최자는 ㉮에 따라 신고한 옥외집회 또는 시위를 하지 아니하게 된 경우에는 신고서에 적힌 집회 일시 (㉢)시간 전에 그 철회사유 등을 적은 철회신고서를 관할경찰관서장에게 제출하여야 한다.
> ㉰ 관할경찰관서장은 ㉮에 따른 신고서의 기재 사항에 미비한 점을 발견하면 접수증을 교부한 때부터 (㉣)시간 이내에 주최자에게 (㉤)시간을 기한으로 그 기재 사항을 보완할 것을 통고할 수 있다.

① ㉠ 720 ㉡ 36 ㉢ 24 ㉣ 12 ㉤ 24
② ㉠ 720 ㉡ 48 ㉢ 24 ㉣ 12 ㉤ 24
③ ㉠ 720 ㉡ 36 ㉢ 12 ㉣ 24 ㉤ 12
④ ㉠ 720 ㉡ 48 ㉢ 12 ㉣ 24 ㉤ 12

THEME 17 간첩망

05. 간첩망

단일형
- 단독활동, 간첩 상호 간에 종·횡적 연락을 일체 회피.
- 대남간첩의 가장 많은 유형으로서 활동범위 좁고 공작성과 낮음

삼각형
- 지하당 구축에 이용.
- 3명 한도에서 공작원 지휘, 횡적 연락 차단으로 일망타진 가능성 낮으나, 검거 시 간첩 정체가 쉽게 노출되고 활동범위가 좁음

서클형
- 합법적 신분 이용
- 자유롭고 대중적 조직과 동원이 가능하나, 발각 시 외교적 문제 야기 우려(제3국을 통한 신분세탁을 하는 경우)

피라미드형
- 간첩 밑에 주공작원 2~3명, 그 아래 행동공작원 2~3명을 두며, 활동범위가 넓은 반면 노출이 쉽고 일망타진 가능성 높으며 조직구성에 장시간 소요

레포형
- 피라미드형에서 상호간 연락원을 두고 종횡으로 연결하는 방식

꼭! 알아야 하는 핵심 문장, 키워드

01 　　　　　　　　　　　16 경간, 16 채용

_____형은 간첩활동이 자유롭고 대중적 조직과 동원이 가능한 반면, 간첩의 정체가 폭로되었을 때 외교적 문제가 야기될 수 있다.

02 　　　　　　　　　　　　　　　18 경간

_____형은 일시에 많은 공작을 입체적으로 수행할 수 있고 활동범위가 넓은 반면, 행동의 노출이 쉽고 일망타진 가능성이 높으며 조직구성에 많은 시간이 소요된다.

꼭! 알아야 하는 핵심 문장, OX

01 　　　　　　　　　　　16 경간, 16 채용

단일형은 특수목적을 위하여 단독으로 활동하는 형태로, 보안유지 및 신속한 활동이 가능하여 활동범위가 넓고 공작성과가 비교적 높다.　　　　　　　　　　　　O/X

02 　　　　　　　　　　　　　　　18 경간

단일형은 보안유지가 잘되고 일망타진 가능성은 적지만, 활동범위가 좁고 공작원의 검거 시 간첩 정체가 쉽게 노출된다.　　　　　　　　　　　　O/X

꼭! 알아야 하는 기출 문제, Review

01 　　　　　　　　　　　16 경간, 16 채용

간첩망의 형태에 대한 설명 중 옳은 것은 모두 몇 개인가?

> ㉠ 삼각형 - 간첩이 주공작원 2~3명을 두고 그 밑에 각각 2~3명의 행동공작원이 있으며, 일시에 많은 공작을 입체적으로 수행할 수 있고 활동 범위가 넓은 반면, 행동의 노출이 쉽고 일망타진 가능성이 높으며 조직구성에 많은 시간이 소요된다.
> ㉡ 써클형 - 합법적 신분 이용 침투, 대상국의 정치·사회문제를 이용하여 적국의 이념이나 사상에 동조하도록 유도한다.
> ㉢ 단일형 - 특수목적을 위하여 단독으로 활동하는 형태로, 보안유지 및 신속한 활동이 가능하여 활동범위가 넓고 공작성과가 비교적 높다.
> ㉣ 피라미드형 - 간첩활동이 자유롭고 대중적 조직과 동원이 가능한 반면, 간첩의 정체가 폭로되었을 때 외교적 문제가 야기될 수 있다.

① 1개　② 2개　③ 3개　④ 4개

THEME 18 보안관찰

24. 보안 관찰

	보안관찰	보호관찰
근거	보안관찰법	보호관찰 등에 관한 법률
목적	출소한 사람의 재범 방지 및 동태 관찰	교도소 수용 대신 보호관찰관의 감독, 수강명령·이수명령집행
결정시기	출소 후	유죄 판결시
결정권자	법무부장관	판사
대상범죄	국가 안전에 관한 범죄	가정폭력범죄, 성범죄, 소년범죄 등 다양

28. 신고 사항

대상자 신고		피보안관찰자 신고	
교도소 신고	출소 2개월 전	최초 신고	결정고지 후 7일내
출소후 신고	출소 후 7일내	정기 신고	매 3월 말일까지
변동 신고	변동 시 7일내	여행 신고	해외여행, 국내 10일 이상
		변동 신고	신고사항 변동 시 7일내

※ 신고방법 :
 - 교도소 신고는 교도소장을 거쳐서 신고
 - 피보안관찰자 신분이 된 이후는 항상 지구대·파출소장을 거쳐 관할 경찰서장에게 신고해야 함.
※ 대상자의 변동신고 의무는 헌법불합치 결정으로 2023.6.30까지만 유효
※ 성범죄 신상정보 등록대상자는 6개월 이상 국외에 체류 시 신고

꼭! 알아야 하는 핵심 문장, OX

01 17 경간 변형

보안관찰법상 보안관찰처분을 받은 자는 최초 신고사항에 변동이 있을 때에는 10일 이내에 지구대장(파출소장)을 거쳐 관할경찰서장에게 변동사항을 신고하여야 한다. O/X

02 19 승진, 23 채용1차

보안관찰처분에 관한 결정은 보안관찰처분심의위원회의 의결을 거쳐 판사가 행한다. O/X

꼭! 알아야 하는 핵심 문장, 키워드

01 17 경간 변형

보안관찰법상 보안관찰처분을 받은 자는 국외여행 또는 _____일 이상 주거를 이탈하여 여행하고자 할 때에는 미리 지구대장(파출소장)을 거쳐 관할경찰서장에게 신고하여야 한다.

02 16·17·18·20 채용

「보안관찰법」상 교도소장은 보안관찰처분대상자에 해당하는 자가 생길 때에는 지체없이 보안관찰처분심의위원회와 거주예정지를 관할하는 검사 및 _____에게 통고하여야 한다.

꼭! 알아야 하는 기출 문제, Review

01 17 경간 변형

보안관찰법상 보안관찰처분을 받은 자(피보안관찰자)의 신고에 대한 다음 설명 중 가장 옳은 것은?

① 최초 신고사항에 변동이 있을 때에는 10일 이내에 지구대장(파출소장)을 거쳐 관할경찰서장에게 변동사항을 신고하여야 한다.
② 국외여행 또는 7일 이상 주거를 이탈하여 여행하고자 할 때에는 미리 지구대장(파출소장)을 거쳐 관할경찰서장에게 신고하여야 한다.
③ 보안관찰처분결정고지를 받은 날부터 10일 이내에 지구대장(파출소장)을 거쳐 관할경찰서장에게 피보안관찰자 신고를 하여야 한다.
④ 보안관찰처분결정고지를 받은 날이 속한 달부터 매 3월이 되는 달의 말일까지 3월간의 주요활동사항 등 소정사항을 지구대장(파출소장)을 거쳐 관할경찰서장에게 신고하여야 한다.

THEME 19 출입국관리법 시행령상 체류자격

14. 체류 자격(비자 종류)

외교관 등	외교	A-1
외국정부, 국제기구 공무수행	공무	A-2
협정에 따라 외국인 등록 면제되는 사람	협정	A-3
관광, 통과 목적	관광, 통과	B-2
전문대학 이상에서 교육	유학	D-2
전문대학 이상에서 교수	교수	E-1
외국어 회화 지도	회화지도	E-2
변호사, 공인회계사, 의사 등	전문직업	E-5
수익목적 음악, 미술, 연예, 운동, 모델	예술흥행	E-6
농작물 재배수확, 수산물 원시가공	계절근로	E-8
자격, 경력 필요 없는 곳에 취업	비전문취업	E-9
한국 정부 수립 이전 이주한 동포	재외동**포**	F-4
우리국민 배우자(사실혼 포함)	결혼이민	F-6

 폴리 암기 TIP
관광오면 뷰리플 / 대학2

꼭! 알아야 하는 핵심 문장, OX

01 *16 채용1차, 18 경간, 19 채용2차*

출입국관리법 시행령상 외국인의 체류자격 중 외교: 대한민국정부가 접수한 외국정부의 외교사절단이나 영사기관의 구성원, 조약 또는 국제관행에 따라 외교사절과 동등한 특권과 면제를 받는 사람과 그 가족은 A - 1에 해당한다. O/X

02 *18 경감*

출입국관리법 시행령상 외국인의 체류자격 중 유학 – 서울대학교에서 정규과정의 교육을 받으려고 하는 중국인은 D - (1)에 해당한다. O/X

꼭! 알아야 하는 핵심 문장, 키워드

01 *16 채용1차, 18 경간, 19 채용2차*

출입국관리법 시행령상 외국인의 체류자격 중 예술흥행: 수익이 따르는 음악, 미술, 문학 등의 예술활동과 수익을 목적으로 하는 연예, 연주, 연극, 운동경기, 광고·패션 모델, 그 밖에 이에 준하는 활동을 하려는 사람은 _____에 해당한다.

02 *18 경감*

출입국관리법 시행령상 외국인의 체류자격 중 결혼이민 – 한국인과 결혼하여, 국내에 거주하고자 하는 베트남인 _____에 해당한다.

꼭! 알아야 하는 기출 문제, Review

01 *16 채용1차, 18 경간, 19 채용2차*

출입국관리법 시행령상 외국인의 체류자격에 대한 설명이다. ㉠ ~ ㉣의 괄호 안에 들어갈 내용이 가장 적절한 것은?

> A - (㉠), 외교: 대한민국정부가 접수한 외국정부의 외교사절단이나 영사기관의 구성원, 조약 또는 국제관행에 따라 외교사절과 동등한 특권과 면제를 받는 사람과 그 가족
>
> (㉡) - 2, 유학: 전문대학 이상의 교육기관 또는 학술연구기관에서 정규과정의 교육을 받거나 특정 연구를 하려는 사람
>
> F - (㉢), 재외동포: 재외동포의 출입국과 법적 지위에 관한 법률상 대한민국의 국적을 보유하였던 자(대한민국정부 수립 전에 국외로 이주한 동포를 포함) 또는 그 직계비속으로서 외국국적을 취득한 자 중 대통령령으로 정하는 자 (단순 노무행위 등 법령에서 규정한 취업활동에 종사하려는 사람은 제외)
>
> (㉣) - 6. 예술흥행: 수익이 따르는 음악, 미술, 문학 등의 예술활동과 수익을 목적으로 하는 연예, 연주, 연극, 운동경기, 광고·패션 모델, 그 밖에 이에 준하는 활동을 하려는 사람

	(가)	(나)	(다)	(라)
①	2	D	6	E
②	2	E	4	F
③	1	E	6	F
④	1	D	4	E

THEME 20. 국제형사사법 및 범죄인 인도법

26. 국제형사사법공조

임의적 거절사유
- 대한민국의 주권, 안전보장, 안녕질서, 미풍양속 해칠 우려
- 정치적 성격의 다른 범죄에 대한 수사, 재판 목적
- 인종, 국적, 성별 등의 이유로 처벌 우려 (차별 우려)
- 대한민국의 법률에서 범죄가 되지 아니하거나 공소제기 불가(양벌성)
- 요청국의 보증이 없는 경우

공조 연기 공조범죄가 한국에서 재판 또는 수사 중

27. 범죄인 인도법

절대적 거절사유
- 인종, 국적, 성별 등의 이유(차별 우려)
- 인도범죄를 범하였다고 볼 이유가 없는 경우
- 한국 법원에서 재판 중이거나 확정된 경우
- 한국 또는 청구국의 법률에 공소 시효, 형의 시효 확정

임의적 거절사유
- 인도범죄의 일부가 한국 내에서 행하여진 경우
- 범죄인이 한국 국민인 경우(자국민 불인도 원칙)
- 인도범죄 외의 범죄가 한국 법원에 재판 중
- 인도범죄에 관하여 제3국에서 재판받고 처벌된 경우
- 인도범죄 성격, 범죄인 환경 고려 비인도적

꼭! 알아야 하는 핵심 문장, 키워드

01 19 경간, 18 채용1차

범죄인이 인종, 종교, 국적, 성별, 정치적 신념 또는 특정 사회단체에 속한 것 등을 이유로 처벌되거나 그 밖의 불리한 처분을 받을 염려가 있다고 인정되는 경우는 범죄인 인도법 제7조에서 규정하고 있는 _____ 인도거절 사유에 해당한다.

02 20 경간

「국제형사사법 공조법」상 대한민국에서 수사가 진행 중이거나 재판에 계속된 범죄에 대하여 외국의 공조요청이 있는 경우에는 그 수사 또는 재판 절차가 끝날 때까지 공조를 _____할 수 있다.

꼭! 알아야 하는 핵심 문장, OX

01 19 경간, 18 채용1차

인도범죄의 전부 또는 일부가 대한민국 영역에서 범한 것인 경우는 범죄인 인도법 제7조에서 규정하고 있는 절대적 인도거절 사유에 해당한다. O/X

02 19 경간, 19 채용1차, 19 경간

「국제형사사법 공조법」상 공조범죄가 대한민국의 법률에 의하여는 범죄를 구성하지 아니하거나 공소를 제기할 수 없는 범죄인 경우 공조를 하지 아니해야 한다. O/X

꼭! 알아야 하는 기출 문제, Review

01 19 경간, 18 채용1차

범죄인 인도법 제7조에서 규정하고 있는 절대적 인도거절 사유로 올바르게 묶인 것은?

> 가. 범죄인이 대한민국 국민인 경우
> 나. 대한민국 또는 청구국의 법률에 따라 인도범죄에 관한 공소시효 또는 형의 시효가 완성된 경우
> 다. 인도범죄의 전부 또는 일부가 대한민국 영역에서 범한 것인 경우
> 라. 인도범죄에 관하여 대한민국 법원에서 재판이 계속 중이거나 재판이 확정된 경우
> 마. 범죄인이 인종, 종교, 국적, 성별, 정치적 신념 또는 특정 사회단체에 속한 것 등을 이유로 처벌되거나 그 밖의 불리한 처분을 받을 염려가 있다고 인정되는 경우
> 바. 범죄인이 인도범죄에 관하여 제3국(청구국이 아닌 외국을 말한다)에서 재판을 받고 처벌되었거나 처벌받지 아니하기로 확정된 경우.

① 가, 나, 라 ② 가, 다, 마
③ 나, 라, 마 ④ 나, 마, 바

김규대 폴리 경찰학

정답

season 1

1단원_ 경찰학 기초이론

THEME 01 경찰개념의 변천과정

기출문제	01	②		
O×	01	×	02	×
키워드	01	죄와 형벌법전 (1795년)	02	크로이쯔베르크 (Kreuzberg)

THEME 02 경찰의 분류

기출문제	01	①		
O×	01	×	02	×
키워드	01	독자성	02	보안

THEME 03 경찰의 임무

기출문제	01	②		
O×	01	×	02	×
키워드	01	법질서의 불가침성	02	공공질서

THEME 04 경찰권의 관할

기출문제	01	④		
O×	01	×	02	×
키워드	01	사물관할	02	인적관할

THEME 05 범죄원인론

기출문제	01	①		② ③ ④
O×	01	×	02	×
키워드	01	Miller	02	글레이저(Glaser)

THEME 06 환경설계(CPTED)

기출문제	01	②		
O×	01	×	02	×
키워드	01	자연적 감시	02	유지관리

THEME 07 현대적 범죄예방이론

기출문제	01	②		
O×	01	×	02	O
키워드	01	집합효율성	02	비결정론

THEME 08 지역사회 경찰활동

기출문제	01	③		
O×	01	×	02	×
키워드	01	문제지향적	02	이웃지향적

2단원_ 경찰 행정학

THEME 01 정책결정모델

기출문제	01	②		
○×	01	×	02	×
키워드	01	최적모델	02	쓰레기통

THEME 02 근대관료제와 조직 편성의 원리

기출문제	01	④		
○×	01	×	02	×
키워드	01	계층제	02	명령통일

THEME 03 동기부여이론

기출문제	01	③		
○×	01	×	02	×
키워드	01	내용이론	02	앨더퍼 (Alderfer)

THEME 04 계급제와 직위분류제

기출문제	01	①		
○×	01	×	02	×
키워드	01	직위분류제	02	계급제

THEME 05 우리나라 경찰통제 유형

기출문제	01	②		
○×	01	×	02	×
키워드	01	내부적	02	사법

THEME 06 정보공개

기출문제	01	③		
○×	01	×	02	×
키워드	01	청구인	02	7일

THEME 07 경찰감찰규칙

기출문제	01	④		
○×	01	×	02	○
키워드	01	3일	02	2

THEME 08 경찰청 감사 규칙

기출문제	01	④		
○×	01	×	02	○
키워드	01	개선요구	02	시정요구

3단원_ 경찰행정법

THEME 01 경찰법의 법원

기출문제	01	④		
O×	01	×	02	×
키워드	01	법규명령	02	관습법

THEME 02 행정규칙

기출문제	01	①		
O×	01	×	02	×
키워드	01	직무명령	02	실질적

THEME 03 국가경찰위원회와 시·도자치경찰위원회

기출문제	01	③		
O×	01	×	02	×
키워드	01	법관	02	2

THEME 04 권한의 위임과 대리

기출문제	01	③		
O×	01	×	02	×
키워드	01	위임	02	수임관청

THEME 05 임용권의 위임

기출문제	01	③		
O×	01	×	02	×
키워드	01	전보권	02	경찰청장

THEME 06 경찰공무원의 의무

기출문제	01	②		
O×	01	×	02	×
키워드	01	대통령	02	경찰공무원법

THEME 07 경찰공무원의 징계책임

기출문제	01	④		
O×	01	×	02	×
키워드	01	전액	02	경무관

THEME 08 소청심사위원회

기출문제	01	③		
O×	01	×	02	O
키워드	01	금고	02	3분의 2

THEME 09 경찰비례의 원칙

기출문제	01	②		
○×	01	×	02	×
키워드	01	상당성	02	공익 사익

THEME 10 신뢰보호의 원칙

기출문제	01	①		
○×	01	×	02	×
키워드	01	신뢰보호	02	공익

THEME 11 부관

기출문제	01	②		
○×	01	×	02	×
키워드	01	부담	02	동의

THEME 12 처분

기출문제	01	③		
○×	01	×	02	×
키워드	01	처분	02	처음

THEME 13 경찰권 발동의 조리상 한계

기출문제	01	②		
○×	01	×	02	×
키워드	01	경찰공공	02	경찰비례

THEME 14 경찰상 행정행위

기출문제	01	②		
○×	01	×	02	×
키워드	01	면제	02	명령적

THEME 15 의무이행 확보수단

기출문제	01	③		
○×	01	×	02	×
키워드	01	즉시강제	02	집행벌

THEME 16 즉시강제

기출문제	01	③		
○×	01	×	02	×
키워드	01	즉시강제	02	의무불이행

THEME 17 불심검문

기출문제	01	④		
○×	01	×	02	×
키워드	01	교통	02	흉기

THEME 18 보호조치

기출문제	01	②		
○×	01	×	02	×
키워드	01	지체없이	02	즉시강제

THEME 19 위해성 경찰장비 사용기준

기출문제	01	④		
O×	01	×	02	×
키워드	01	1	02	3

THEME 20 손실보상

기출문제	01	③		
O×	01	×	02	×
키워드	01	손실보상심의위원회	02	5, 7

THEME 21 행정지도

기출문제	01	④		
O×	01	×	02	×
키워드	01	행정지도	02	최소

THEME 22 행정심판의 재결

기출문제	01	①		
O×	01	×	02	×
키워드	01	기각	02	기각

THEME 23 행정심판과 행정소송

기출문제	01	①		
O×	01	×	02	×
키워드	01	180	02	무효 등 확인소송

THEME 24 국가배상법

기출문제	01	④		
O×	01	×	02	×
키워드	01	무과실	02	영조물

4단원_ 한국경찰사와 비교경찰

THEME 01 갑오개혁 및 광무개혁 당시 경찰제도

기출문제	01	②		
○×	01	×	02	×
키워드	01	행정경찰장정	02	총순

THEME 02 우리나라 경찰의 역사

기출문제	01	④		
○×	01	×	02	×
키워드	01	1953	02	1974

THEME 03 자랑스러운 경찰의 표상

기출문제	01	③		
○×	01	×	02	×
키워드	01	안병하	02	차일혁

THEME 04 영국의 경찰제도

기출문제	01	③		
○×	01	×	02	×
키워드	01	군대	02	인정

5단원_ 각 론

THEME 01 경지역경찰관리

기출문제	01	④		
○×	01	×	02	×
키워드	01	지역경찰관서	02	경찰서장

THEME 02 행경범죄 처벌법

기출문제	01	④		
○×	01	×	02	×
키워드	01	10	02	범칙자

THEME 03 실종아동보호

기출문제	01	④		
○×	01	×	02	×
키워드	01	48	02	18

THEME 04 가정폭력범죄의 처벌 등에 관한 특례법

기출문제	01	①		
○×	01	×	02	×
키워드	01	긴급임시조치	02	가정폭력범죄

THEME 05 가정폭력범죄의 처벌 등에 관한 특례법

기출문제	01	④		
○×	01	×	02	×
키워드	01	통신사실확인자료		통신비밀보호법

THEME 06 피의자 유치 및 호송

기출문제	01	②		
○×	01	×	02	×
키워드	01	5	02	비상

THEME 07 과학수사

기출문제	01	①		
○×	01	○	02	×
키워드	01	정상	02	잠재

THEME 08 마약류 사범 수사

기출문제	01	②		
○×	01	×	02	×
키워드	01	메스카린(Mescaline)		LSD

THEME 09 경비경찰의 특징

기출문제	01	④		
○×	01	×	02	×
키워드	01	즉시적(즉응적)		현상유지적

THEME 10 재난경비

기출문제	01	④		
○×	01	×	02	×
키워드	01	행정안전부		대비

THEME 11 통합방위법

기출문제	01	②		
○×	01	×	02	×
키워드	01	국무총리		합동참모의장

THEME 12 경찰비상업무 규칙

기출문제	01	④		
○×	01	×	02	×
키워드	01	30		지휘선상

THEME 13 운전면허의 종류

기출문제	01	②		
O×	01	×	02	×
키워드	01	10		4

THEME 14 교통사고처리 특례법 제3조 제2항(처벌의 특례)

기출문제	01	④		
O×	01	×	02	×
키워드	01	교통사고처리		중앙선

THEME 15 정보분류

기출문제	01	②		
O×	01	×	02	×
키워드	01	국가안전보장		사용 목적

THEME 16 집회 및 시위에 관한 법률

기출문제	01	②		
O×	01	×	02	×
키워드	01	24시간		48시간

THEME 17 간첩망

기출문제	01	①		
O×	01	×	02	×
키워드	01	써클형		피라미드

THEME 18 보안관찰

기출문제	01	④		
O×	01	×	02	×
키워드	01	10일		경찰서장

THEME 19 출입국관리법 시행령상 체류자격

기출문제	01	④		
O×	01	O	02	×
키워드	01	E-6		F-6

THEME 20 국제형사사법 및 범죄인 인도법

기출문제	01	③		
O×	01	×	02	×
키워드	01	절대적		연기

저자 소개

김규대 교수님

주요약력
연세대학교 사회학과 졸업
연세대학교 행정대학원 석사 졸업
現) 박문각 경찰학원
前) 경단기 및 부산 경단기 학원
前) 김폴카 온라인
前) 공단기, 에듀윌 학원
前) 한국공무원학원
前) 한국경찰학원

주요저서
- 김규대 폴리경찰학 기본서
- 김규대 폴리경찰학 단원별 기출문제집
- 김규대 폴리경찰학 필기노트

- 온라인 강의 https://www.pmg.co.kr/
- 오프라인 강의 박문각 경찰학원
- 온라인 카페 https://cafe.naver.com/kimgyudaepolice

김규대 폴리 경찰학

경찰학 폴리 합시다 - 시즌 1

발 행 일 2025년 2월 10일
집   필 김규대, 김규대 경찰학연구실
발 행 처 (주)K&P Traders
E-mail kptraders@naver.com
ISBN 979-11-93503-10-2

값   12,000원

본 교재에 대한 저작권은 (주)K&P Traders에 있습니다.
(주)K&P Traders의 동의 없이 본 교재를 복사·변형하여 판매·배포·전송하는 일체의 행위를 금합니다.